Immobilien erwerben

Dr. Matthias Nöllke

6. Auflage

Haufe

Inhalt

Vorwort

Wenn Sie ein Haus oder eine Eigentumswohnung kaufen, müssen Sie an viele Dinge denken: Wie kommen Sie an das geeignete Objekt heran und worauf sollten Sie bei einer Besichtigung achten? Wie führen Sie Preisverhandlungen und finden die beste Finanzierung? Wie schöpfen Sie Steuervorteile optimal aus? Und wie verhindern Sie, dass Sie im Nachhinein böse Überraschungen erleben?

Schwierig, da den Überblick zu behalten. Doch sollten Sie nicht den Fehler machen, sich nur um einige Aspekte zu kümmern und im Übrigen „nach Gefühl" vorzugehen. Immerhin steht beim Kauf von Wohneigentum sehr viel Geld auf dem Spiel.

Die richtige, für Ihre Bedürfnisse maßgeschneiderte Immobilie zu finden, ist aber gar nicht so kompliziert, wenn Sie wissen, worauf Sie achten müssen. Dieser TaschenGuide zeigt Ihnen Schritt für Schritt den Weg zu den eigenen vier Wänden. Er erklärt Ihnen, was zu tun ist und welche Risiken auftreten können. Praktische Tipps, Checklisten und Musterkalkulationen geben Ihnen die nötige Hilfestellung – ob Sie Ihre Immobilie nun selbst nutzen oder vermieten wollen.

Dr. Matthias Nöllke

Vor dem Kauf der Immobilie

Es gibt viele gute Gründe, die dagegen sprechen, eine Immobilie zu erwerben. Eine Immobilie kostet viel Geld. Folgekosten und versteckte Kosten werden leicht unterschätzt. Sie müssen bei der Finanzierung langfristig planen und fällen eine Entscheidung, die Ihre Vermögensverhältnisse über zehn, zwanzig Jahre hinweg betrifft. Das bedeutet immer ein gewisses Risiko. Lassen Sie sich dadurch aber nicht verunsichern und lesen Sie in diesem Kapitel

- welche Gründe für den Kauf einer Immobilie sprechen (Seite 6)
- wie das Marktumfeld aussieht (Seite 8)
- was für Selbstnutzung und für Vermietung spricht (Seite 9)

Was für den Kauf einer Immobilie spricht

Ungeachtet der damit verbundenen Risiken gibt es viele gute Gründe für einen Immobilienkauf:

- Eine gut gewählte, sicher finanzierte Immobilie ist eine solide Geldanlage und ein relativ verlässlicher Schutz vor Inflation. Sie empfiehlt sich auch als Vorsorge für den Ruhestand – angesichts knapper Rentenkassen ein wichtiger Pluspunkt.
- Anfänglich ist die finanzielle Belastung wesentlich höher als wenn Sie mieten, doch in späteren Jahren wird sie immer geringer. Langfristig gesehen kommen Sie meist günstiger davon, denn die Mieten steigen, die monatliche Rate für die Bank jedoch nicht.
- Die Immobilie ist Ihr Eigentum. Sie haben mehr Möglichkeiten, sie nach Ihren Wünschen zu gestalten. Und Ärger mit dem Vermieter gibt es auch nicht mehr.
- Andere Geldanlagen versprechen zwar mehr Rendite, jedoch sind sie auch mit einem höheren Risiko behaftet. Bei Immobilien gibt es keinen Börsencrash. Und wenn Sie Ihr Objekt entsprechend auswählen, lässt sich auch eine passable Rendite erzielen.
- Wenn Sie vermieten, können Sie mit einem klug gewählten Objekt Steuern sparen.

- Die Preise sind vielfach gefallen, die Zinsen sind niedrig. Die Bedingungen waren selten so günstig und die Zeiten werden sich bestimmt ändern. Deshalb gerade jetzt: zugreifen!

Entscheiden mit Blick auf die Zukunft

Doch halt! Bevor Sie irgendetwas unternehmen, vielleicht bereits Angebote einholen, sollten Sie die verschiedenen Pro- und Kontra-Argumente sorgfältig abwägen. Im Wesentlichen kommt es darauf an, wie Sie Ihre Verhältnisse und Ihre Perspektiven einschätzen – und worauf Sie besonderen Wert legen. Darauf können nur Sie eine Antwort geben.

Dabei geht es nicht nur um die Frage, ob Sie auch in zehn Jahren noch genug verdienen, sondern es dreht sich ebenso um Ihre Ansprüche, die in fünf Jahren vielleicht ganz andere sind als heute.

Beispiel: Ansprüche ändern sich

Ein typischer Fall: Ein junges kinderloses Ehepaar erwirbt eine Eigentumswohnung mitten in der Stadt, für beide eine „Traumwohnung". Doch ein paar Jahre später, nach der Geburt des zweiten Kindes, erscheint ihnen die Wohnung nicht nur viel zu eng, sie bedauern es auch, dass sie nicht am Stadtrand liegt.

Zeithorizont fünf Jahre

Eine Immobilie nach kurzer Zeit wieder verkaufen zu müssen, bedeutet im Allgemeinen, dass Sie Geld verlieren. Als Faustregel gilt daher: Wenn Sie aus heutiger Sicht die Immobilie (mindestens) fünf Jahre nutzen werden, können Sie einen Kauf in Erwägung ziehen.

Auch wenn Sie vermieten wollen, ist ein solcher Zeithorizont sinnvoll. Falls Sie den Wohnort wechseln und sich nicht mehr persönlich um das Objekt kümmern können, müssen Sie entweder einen Verwalter einschalten oder die Immobilie wieder verkaufen.

Wie sieht der Markt aus?

Seit einigen Jahren sind die Preise für Immobilien stabil oder sogar rückläufig. Das war nicht immer so. In den 80er Jahren galten Immobilien als attraktive Geldanlage, weil sie einen kontinuierlichen Wertzuwachs zu garantieren schienen, neben den Mieteinnahmen, die ebenso zuverlässig im Zwei- bis Dreijahresabstand stiegen. Ein Mieterwechsel hatte meist eine satte Mieterhöhung zur Folge. Und wer seine Immobilie selber nutzte, konnte sich ausrechnen, wie viel an Miete er im Laufe der Jahre wohl sparen würde.

Das hat sich geändert. Ein Mieterwechsel bedeutet nicht selten geringere Mieteinnahmen, und wer heute, sogar in manchen Großstädten, eine Immobilie anbietet, der darf sich vielfach glücklich schätzen, überhaupt einen Käufer zu finden. Auch die Einführung des Euro hat nicht, wie erhofft oder befürchtet, eine „Flucht in die Sachwerte" ausgelöst, wenigstens bis jetzt nicht.

Doch auch diese Situation kann sich rasch ändern, wenngleich es dafür noch keine Anzeichen gibt. Doch bietet die gegenwärtige Lage ja auch Vorteile, relativ günstig einzukaufen – vor einem möglichen Boom. Ob der freilich kommt, weiß niemand. Denn bekanntlich sind alle Prognosen mit einer großen Unsicherheit behaftet.

Wie sich die Marktlage entwickelt, können Sie dem Wirtschafts- oder dem Immobilienteil Ihrer Zeitung entnehmen. Über die künftige Entwicklung äußern sich die Experten der Banken und Bausparkassen und der Maklerverbände. Allerdings sind diese Prognosen nie ganz uneigennützig.

Selbst nutzen oder vermieten?

Wenn Sie eine Immobilie erwerben, sind Sie sich in der Regel vorher darüber im Klaren, ob Sie das Objekt selbst beziehen oder vermieten möchten. Und das ist gut so, denn in beiden Fällen kommt es auf recht unterschiedliche Dinge an.

- Bei der selbst genutzten Immobilie müssen Sie von Ihren persönlichen Bedürfnissen ausgehen. Wie viel Platz brauchen Sie und wie viel Komfort wünschen Sie? Ist das Objekt nicht zu weit weg von Ihrer Arbeitsstelle? Und vor allem: Ist es frei, wenn Sie einziehen wollen?
- Beim Mietobjekt stehen Überlegungen zur Rendite im Vordergrund: Wie ist das Verhältnis zu Aufwand und Ertrag? Ist das Objekt zu günstig oder zu teuer vermietet? Welcher Wiederverkaufswert lässt sich erzielen?

Prüfen Sie immer, ob das Objekt, das Sie für Ihren Eigenbedarf anschaffen, auch kein kurioser Ladenhüter, sondern „marktgängig" ist. Denn es könnte ja der Fall eintreten, dass Sie es wieder veräußern wollen.

Wenn Sie die Immobilie selbst nutzen

- Legen Sie nach Möglichkeit vorher fest, welchen Anforderungen das Objekt entsprechen muss. Was ist zwingend notwendig, was ist wichtig und was ist wünschenswert? Denken Sie dabei auch an diejenigen, die mit Ihnen dort wohnen sollen.
- Unterschätzen Sie Entfernungen nicht. Fahren Sie probeweise die Strecke zu Ihrer Arbeitsstelle, am besten zur Hauptverkehrszeit.
- Wie ist das Umfeld? Welche Leute wohnen dort? Wie sind die Einkaufsmöglichkeiten, das Kulturangebot? Sprechen Sie, wenn es möglich ist, auch mit Ihren künftigen Nachbarn. Vielleicht bewahrt Sie das vor einer folgenreichen Fehlentscheidung.
- Gehen Sie nach Möglichkeit von Ihrem künftigen Bedarf aus. Hierbei sollten Sie vor allem die Zahl der Zimmer, Verkehrslärm und Infrastruktur (Schule, Kindergarten, öffentlicher Nahverkehr) berücksichtigen.
- Ist das Objekt wirklich beziehbar, wenn Sie einziehen möchten? Zu warnen ist vor Objekten, in denen bei Vertragsabschluss noch Mieter wohnen, die sich aber „bereit erklärt" haben, auszuziehen – sobald sie etwas gefunden haben.

Wenn Sie die Immobilie vermieten

- Handelt es sich um ein Objekt, bei dem Sie mit einer hohen Nachfrage rechnen können? Begehrt sind etwa Drei- bis Vier-Zimmer-Wohnungen in guter Wohnlage. Denken

Sie daran: Auch das günstigste „Schnäppchen" ist noch zu teuer, wenn es später leer steht.

- Da Sie ohnehin vermieten wollen, können Sie oft viel Geld sparen, wenn Sie ein Objekt erwerben, das bereits vermietet ist. Die sind nämlich in der Regel wesentlich günstiger zu haben.
- Wenn das Objekt vermietet ist: Studieren Sie genauestens den Mietvertrag. Ungünstige Regelungen (Nebenkosten, Renovierung) können sehr teuer werden.
- Sprechen Sie unbedingt auch mit dem Mieter, den Sie übernehmen sollen. Erscheint er Ihnen nicht vertrauenswürdig, sollten Sie das Objekt besser nicht kaufen.
- Ist das Objekt zu teuer vermietet, müssen Sie damit rechnen, dass Sie über kurz oder lang weniger Miete bekommen. Meist ist dann auch das Objekt selbst überteuert.
- Ist hingegen die Miete im Verhältnis zu vergleichbaren Objekten zu niedrig, so kommt es auf den Kaufpreis an. Langfristig können Sie nämlich durchaus mit einer höheren Miete rechnen, das Objekt könnte also interessant sein.
- Berücksichtigen Sie unbedingt die Wohnlage. Lassen Sie die Finger von „einfachen Wohnlagen" (schlechte Rendite, schwierig wieder zu verkaufen) und „Toplagen" (schwer zu vermieten, viel zu teuer). Auch für den schmalen Geldbeutel gilt: mindestens „mittlere Wohnlage".
- Achten Sie darauf, dass das Objekt nicht zu weit von Ihrem Wohnort entfernt liegt. Es sollte für Sie in ein, zwei Stunden zu erreichen sein. So können Sie ggf. rasch Dinge vor Ort klären.

Der richtige Zeitpunkt

Der Erwerb von Immobilien ist eine langfristige Investition. Entsprechend wohlerwogen und gründlich vorbereitet sollte er sein. Worauf Sie im Einzelnen achten müssen, erfahren Sie in den nächsten Kapiteln. Grundsätzlich aber gilt: Immobilien sind keine Geldanlage für den schnellen Gewinn. Das bedeutet auch: Wenn Sie Ihr Geld recht bald wieder für andere Dinge benötigen, sollten Sie es anders anlegen als in Immobilien.

Gegenüber „heißen Tipps" sollten Sie grundsätzlich misstrauisch sein, egal woher sie kommen. Viele Investoren haben durch solche mehr oder weniger gut gemeinten Hinweise eine Menge Geld verloren, ob durch Steuersparmodelle in Ostdeutschland, Studentenwohnungen oder Büros, die dann leer standen.

Wenn Sie eine Immobilie kaufen möchten, die Sie selbst beziehen wollen, Ihre persönliche Planung aber noch vage ist, empfiehlt es sich abzuwarten, bis sich Ihre Lebensverhältnisse ein wenig stabilisiert haben. Zum einen können Sie dann Ihre finanziellen Möglichkeiten besser einschätzen, zum anderen müssen Sie auch nicht befürchten, Haus oder Wohnung nach kurzer Zeit wieder verkaufen zu müssen. Das kann Sie viel Zeit und Mühe kosten; abgesehen davon, dass alle Kaufnebenkosten wie Notar- und Maklergebühren sowie die Grunderwerbssteuer gewissermaßen verloren sind.

Was schließlich den zeitlichen Horizont betrifft, so möchten wir nochmals betonen: Sie sollten davon ausgehen können, Ihre Immobilie mindestens fünf Jahre lang zu nutzen.

So finden Sie das richtige Objekt

Auf den folgenden Seiten erfahren Sie, wie Sie beim Immobilienkauf vorgehen können – Schritt für Schritt. Worauf Sie achten sollten und welche typischen Fehler Sie vermeiden können. Dabei handelt es sich um kein starres Schema, sondern um praxisnahe Hinweise, die Ihnen Orientierung geben sollen. Lesen Sie:

- wie Sie das richtige Objekt für Ihre Zwecke ermitteln (Seite 14)
- wo Sie Angebote für Immobilien finden (Seite 25)
- was Sie beim Besichtigungstermin beachten sollten (Seite 33)
- welche Dokumente und Unterlagen Sie vor dem Kauf kennen sollten (Seite 38)
- wie Sie sich auf den Notartermin vorbereiten und wie dieser abläuft (Seite 78)

Erster Schritt: Stecken Sie den Rahmen ab

Bereits ganz zu Anfang sollten Sie festlegen, was Sie überhaupt suchen. Natürlich können Sie später immer noch davon abweichen. Eine frühe Festlegung gibt Ihrer Suche aber eine gewisse Richtung, verhindert, dass Sie sich verzetteln und bewahrt Sie hoffentlich vor dem so genannten „Traumhaus-Effekt", der leider gar nicht so selten ist: Sie entdecken ein Objekt, in das Sie sich „verlieben". Da Liebe bekanntlich blind macht, geht es nicht länger um so profane Dinge wie Ihren Bedarf und Ihre finanziellen Möglichkeiten. Irgendwie wird die Sache schon klappen. Nur klappt es „irgendwie" dann oft doch nicht. Am Ende solcher geplatzter Träume steht nicht selten die Zwangsversteigerung.

> Klären Sie zunächst Ihren Bedarf und stecken Sie Ihren finanziellen Rahmen ab!

Was darf es sein?

Zunächst einmal sollten Sie klären, welche Art von Immobilie Sie suchen. Dabei haben die unterschiedlichen Typen ihre jeweiligen Vorzüge und Nachteile.

Die klassische Eigentumswohnung

... gibt es in unterschiedlichster Art und Ausführung: von der kleinen Zwei-Zimmer-Wohnung unterm Dach bis zum mehrstöckigen Luxusobjekt. Die Preisspanne ist beträchtlich, die

Kosten liegen jedoch weit unter denen, die Sie für ein Haus in gleicher Lage kalkulieren müssten. Nachteile: Sie sind von der Eigentümergemeinschaft abhängig und häufig stellt sich ein ähnliches Wohngefühl wie in einer Mietwohnung ein.

Das Apartment oder „Studio"

... ist eine Ein-Zimmer-Wohnung mit kleiner Küche bzw. Kochnische und Bad. Wird auch als „Studenten-" oder „Single-Wohnung" angeboten, um sie Investoren schmackhaft zu machen. Um solche Objekte „für Einsteiger" sollten Sie besser einen Bogen machen, auch und gerade wenn sie preislich günstig zu sein scheinen. Solvente Mieter bleiben in solchen kleinen Apartments selten länger wohnen. Vielfach müssen Sie mit häufigem Mieterwechsel und Leerständen rechnen. Und der Wiederverkauf ist meist sehr schwierig.

Das Reihenhaus

Die preisgünstige Alternative zum Einfamilienhaus, daher gerade für junge Familien attraktiv, was sich bei einer neuen Reihenhaussiedlung sehr positiv auswirken kann: Ähnliche Interessen fördern einen schnellen Kontakt und Nachbarschaftshilfe. Nachteil: Der Nachbar sieht alles, der Nachbar hört alles. Wer etwas mehr Geld anlegen kann, erwirbt daher das Reiheneckhaus.

Die Doppelhaushälfte

Nicht mehr Reihenhaus, aber noch nicht Einfamilienhaus – sowohl preislich als auch nach Art und Ausstattung. Hier ist eigentlich alles wie im Einfamilienhaus mit Ausnahme der einen Wand, die man mit seinem Nachbarn teilt. Und genau darin kann ein schwer wiegender Nachteil liegen, wenn das Verhältnis zum Nachbarn nicht das beste ist.

Das Fertighaus

... bietet gegenüber dem konventionell gemauerten Haus eine Reihe von Vorteilen: wesentlich kürzere Bauzeit, geringere Kosten, die zudem besser kalkulierbar sind, und die „schlüsselfertige Errichtung aus einer Hand". Typische Schwachpunkte von Fertighäusern sind die Wärmedämmung und die Trittschalldämmung.

Das Einfamilienhaus

... mit Garten ist der Traum der meisten Eigenheimbesitzer oder derjenigen, die es werden wollen. Doch Einfamilienhäuser sind teuer, in manchen Ballungsräumen sogar unerschwinglich. Auch die laufenden Kosten sind relativ hoch und werden vor dem Kauf nicht selten unterschätzt. Tendenziell lassen sich Einfamilienhäuser schlechter vermieten als Wohnungen; sie erzielen meist auch eine geringere Rendite.

Das Mehrfamilienhaus

Ein Objekt, das nicht nur viel Geld kostet, sondern auch viel Zeit: Hier müssen Sie mit einem erheblichen Verwaltungsaufwand rechnen. Die Gestaltungsmöglichkeiten sind allerdings wesentlich größer, als wenn Sie mehrere verstreute Einzelwohnungen besitzen. Die Risiken: Sie benötigen nicht nur Informationen über das Haus und seine Bewohner, sondern auch Kenntnisse über Hausverwaltung, wollen Sie keine teure Verwaltung „einkaufen".

Gebraucht oder neu?

Es sprechen ganz unterschiedliche Gründe dafür, einen Neubau oder eine Immobilie „aus zweiter Hand" zu erwerben.

Vor- und Nachteile von Gebrauchtimmobilien

Eine „gebrauchte" ist wesentlich günstiger – im Schnitt mehr als 25 %. Das macht sie auch für Vermieter interessant: Weil sich nämlich die Preisunterschiede nicht voll auf die Mieten auswirken, erzielen Sie tendenziell eine höhere Mietrendite, wenn die Immobilie schon etwas älter ist.

Sie können das Objekt an Ort und Stelle besichtigen und seine Mängel überprüfen lassen. Im Unterschied zu Neubauten, die oft „auf der grünen Wiese" entstehen, sind ältere Wohnhäuser stärker mit ihrer Umgebung verwachsen, sie liegen oft verkehrsgünstiger als die neuen Eigenheime in der „Gartenstadt". Und nicht zuletzt schätzen viele den besonderen Charakter gerade älterer Gebäude.

Auf der anderen Seite bieten Altbauten weniger Komfort; oft ist der Reparaturbedarf groß, Heizung und Sanitäranlagen entsprechen nicht mehr dem neuesten Stand. Renovierungen und Umrüstungen, die sehr viel Geld verschlingen können, sind früher oder später unvermeidlich. Manchmal ist auch die Bausubstanz mangelhaft oder es gibt Probleme mit Strom-, Gas- oder Wasserleitungen.

> Vor dem Kauf eines Altbaus sollten Sie die gebäudetechnische Seite überprüfen lassen, am besten von einem Fachmann.

Vor- und Nachteile von Neubauten

Neue Immobilien sind in der Regel, vor allem technisch, besser ausgestattet. Meist ist die Wärmedämmung deutlich höher.

Ein großer Vorteil liegt außerdem darin, dass Sie noch mehr oder minder großen Einfluss auf die Gestaltung nehmen können (Grundriss, Position der Fenster usw.). Wenn Sie in eine neue Siedlung ziehen, werden Sie zwar häufig eine gewisse Zeit benötigen, um sich einzugewöhnen, doch dürften Sie unter lauter Zugezogenen leichter Anschluss finden, als wenn Sie überwiegend Alteingesessene zu Ihren Nachbarn haben.

Schließlich werden auch nach dem Wegfall der Eigenheimzulage neue Immobilien stärker gefördert als Altbauten. So haben Sie möglicherweise Anspruch auf einen zinsgünstigen Kredit bei der KfW, den Käufer aus „zweiter Hand" nicht in Anspruch nehmen können. Bei Neubauten kann es allerdings vorkommen, dass sich der Einzugstermin verschiebt oder – schlimmer noch – dass der Bauunternehmer in Konkurs geht.

Die Lage, die Lage, die Lage

Wenn man einer alten Immobilienmakler-Weisheit Glauben schenken will, dann kommt es im Wesentlichen auf drei Dinge an: die Lage, die Lage, die Lage. Das mag vielleicht etwas übertrieben sein, doch ist es tatsächlich ganz entscheidend, wo sich Ihre Immobilie befindet. Denn ihre Lage lässt sich nicht verändern. Folglich bestimmt in hohem Maße die Lage den Preis.

> Für ein baufälliges Haus in erstklassiger Lage werden Sie ohne weiteres einen hohen Preis erzielen können; ein erstklassiges Haus in schlechter Lage lässt sich nur schwer verkaufen.

Was aber ist eine „gute Wohnlage"? Darüber entscheidet ein ganzes Bündel von Faktoren: die Verkehrslage, die Einkaufsmöglichkeiten, ob es dort laut ist, ob ein Gewerbe- oder Industriegebiet in der Nähe liegt oder der Stadtpark, wie die Sozialstruktur in der Nachbarschaft ist. Auch Traditionen und der Ruf beeinflussen das Qualitätsurteil. Angestammte Villenviertel gelten grundsätzlich als gute oder sogar erstklassige Wohnlage, während ehemalige „Glasscherbenviertel" auch dann noch als „einfache" oder „mittlere Wohnlage" gelten, wenn ihre Infrastruktur bereits viel besser geworden ist.

Diese zeitliche Verzögerung zwischen Aufwertung einer Wohnlage und nachfolgender Preissteigerung lässt sich natürlich ausnutzen. Investieren Sie in Wohnlagen, die in den kommenden Jahren stark gefragt sein werden, so kann Ihre Immobilie eine üppige Wertsteigerung erfahren.

Die Schwierigkeit besteht allerdings darin, solche Trends vorauszuahnen. Das machen sich viele Anbieter von Immobilien zunutze und behaupten einfach, dass die erhoffte Entwicklung schon kommen werde. In diesem Fall ist natürlich Misstrauen angebracht. Sie sollten ohnehin nur dann solche Käufe tätigen, wenn Sie selbst davon überzeugt sind – und nicht der Verkäufer.

Welche Wohnlagen gibt es?

- Einfache Wohnlage: die unterste Kategorie, schwer verkäuflich. Von einem Kauf ist eher abzuraten.
- Mittlere Wohnlage: preiswert, sehr gemischte Kategorie. Es gibt bereits recht passable Objekte. Achten Sie auf unterbewertete Wohnlagen.
- Gute Wohnlage: begehrt, daher vergleichsweise gut verkäuflich. Diese Kategorie sollten Käufer anstreben.
- Sehr gute Wohnlage/Toplage: sehr teuer. Schätzen Sie sich glücklich, wenn Sie ein Objekt in dieser Lage besitzen oder kaufen können. Wenn Sie allerdings auf die Rendite achten, kaufen Sie lieber zwei Objekte in guter Wohnlage.

Die Wohnlage ist jedoch nicht nur eine Frage der Qualität. Für den einen ist die Nähe zur Innenstadt wichtig, der andere will lieber im Grünen wohnen, ein Dritter legt Wert auf einen hohen Freizeitwert, ein Vierter braucht einen Kindergarten in der Nähe. Wenn Sie die Immobilie selbst nutzen wollen, sollten Sie vorher genau klären, welche Lage für Sie in Frage kommt.

Den finanziellen Rahmen abstecken

Natürlich brauchen Sie sich vor der ersten Besichtigung noch nicht um Kreditkonditionen zu kümmern oder Zinssätze und Laufzeiten zu vergleichen. Es geht zunächst einmal nur um die Frage: In welchem Bereich sollte der Kaufpreis liegen – und vor allem: Wo ist Ihr Limit? Näheres finden Sie im Kapitel über die Finanzierung (ab Seite 85).

Sehr verbreitet ist folgendes Vorgehen: Erst die Immobilie aussuchen, dann mit aller Gewalt die nötigen Mittel zusammenbringen und mit der Bank klären, ob sie „mitmacht". Das Ergebnis sind häufig sehr wacklige Finanzierungen

Wenn Sie jedoch vorher den finanziellen Rahmen abstecken,

- vermeiden Sie den „Traumhaus-Effekt" (Seite 14) und verhindern, dass Ihnen die Kosten über den Kopf wachsen,
- werden Sie besser vorbereitet in das Bankgespräch gehen – das stärkt Ihre Verhandlungsposition,
- sparen Sie sich Zeit und Mühe, da Sie sich nicht mit Objekten beschäftigen, die ohnehin nicht in Frage kommen.

So viel darf Ihre Immobilie kosten

	Eigenmittel:	EUR
+	Fremdmittel:	EUR
=	Gesamtmittel:	EUR
–	10 % Sicherheit	EUR
=	**Maximale Gesamtkosten**	**EUR**

Eigenmittel sind Ihr gesamtes Eigenkapital, das Sie einsetzen können. Denken Sie daran: Wenn Sie Ihr gesamtes Vermögen einbringen, haben Sie keinerlei Reserven mehr.

Zu den Fremdmitteln gehören nicht nur Kredite von der Bank, sondern auch sämtliche Darlehen, etwa vom Staat, von Verwandten oder von der Bausparkasse. Wie viel an Fremdmitteln Sie maximal aufbringen sollten, richtet sich danach, wie hoch Ihre monatliche Belastung sein darf.

Von den Gesamtmitteln sollten Sie zur Sicherheit 10 % abrechnen, um die maximalen Gesamtkosten zu bestimmen. Wichtig: Diese Gesamtkosten sind nicht der Kaufpreis, sondern Kaufpreis plus Kaufnebenkosten!

Wenn Sie Ihre Immobilie aus dem Verkauf einer anderen Immobilie finanzieren wollen, achten Sie darauf, den Preis, den Sie erzielen werden, nicht zu optimistisch anzusetzen. Auch müssen Sie sich rechtzeitig um den Verkauf kümmern. Sonst können Sie sehr stark unter Druck geraten und gezwungen sein, die Immobilie weit unter Preis zu verkaufen.

Checkliste: Wie soll das Objekt aussehen?

Die folgende Checkliste bietet Ihnen eine systematische Entscheidungshilfe für Ihren Immobilienerwerb.

1 Welche Art von Immobilie möchten Sie erwerben (Eigentumswohnung, Reihenhaus, Mehrfamilienhaus)?

2 Soll die Immobilie gebraucht sein oder neu? Oder kommt prinzipiell beides in Frage?

3 Wollen Sie Ihre Immobilie selbst nutzen oder vermieten?

4 Wenn Sie selbst nutzen wollen: Wann wollen Sie dort einziehen?

5 Wenn Sie vermieten wollen: Möchten Sie einen Mieter übernehmen oder soll das Objekt bei Übernahme leer stehen?

6 Wie viel darf Ihre Immobilie maximal kosten?

7 Welche Lage kommt für Sie in Frage (Stadtteile, Ortsteile, maximale Entfernung von Ihrer Arbeitsstelle)?

8 Wie viel Zimmer brauchen Sie?

9 Wollen Sie Tiere halten? Oder Ihrem Mieter Tierhaltung ermöglichen? Prüfen Sie: Was bedeutet das für Ihre Immobilie (Auslauf, Platzbedarf, Genehmigung der Eigentümergemeinschaft)?

10 Kreuzen Sie an: Was ist für Sie unabdingbar, was ist wichtig und was wünschenswert? (irrelevant = kein Kreuz)

	unab-dingbar	wichtig	wünschens-wert
Citynähe			
Gute Verkehrs-anbindung			
Ruhige Lage			
Kindergarten, Schule in der Nähe			
Garage, Parkmöglichkeit			
Lift, keine Treppe			
Helle Wohnräume			
Große Küche			
(Großer) Garten			
Balkon			
Viel Stauraum			
Sonstiges			
....			
....			

Zweiter Schritt: Nehmen Sie den Markt unter die Lupe

Wenn Sie wissen, was Sie suchen, sollten Sie daran gehen und sich einen Überblick verschaffen, was überhaupt angeboten wird. Je breiter Sie die Suche angehen, desto größer ist die Chance, dass Sie auf ein geeignetes Objekt stoßen. Und umso informierter werden Sie die Suche fortsetzen. Sie können die Objekte, die Ihnen angeboten werden, dann auch besser einschätzen.

Wo werden Immobilien angeboten?

Es gibt eine Vielzahl von Informationsquellen, die, je nachdem was für ein Objekt Sie suchen, mehr oder minder hilfreich sind und die Sie nutzen können, um sich einen Überblick zu verschaffen:

- Tageszeitungen,
- Banken und Sparkassen,
- Immobilienmakler,
- Fachzeitschriften,
- Internet,
- Gerichtstafel,
- persönliche Kontakte.

Anzeigen in der Tageszeitung

Die wichtigste Informationsquelle für den lokalen und regionalen Immobilienmarkt ist nach wie vor die Tageszeitung. Hier finden Sie in der Regel ein- oder zweimal wöchentlich eine Fülle von Immobilienanzeigen. Studieren Sie über einen Zeitraum von mehreren Wochen die Anzeigen, so bekommen Sie bereits einen ganz guten Eindruck, welche Preise für welche Objekte verlangt werden.

Verfolgen Sie den örtlichen Immobilienmarkt über mehrere Wochen

Angebote, die Sie interessieren, sollten Sie markieren und aufbewahren – auch wenn Sie sich gar nicht mit dem Verkäufer in Verbindung setzen (was Sie aber gelegentlich tun sollten, selbst wenn Sie noch keine feste Kaufabsicht haben). Vereinbaren Sie einen Besichtigungstermin oder lassen Sie sich zunächst einmal ein Exposé schicken. All das verpflichtet Sie zu nichts, Sie sammeln aber wichtige Erfahrungen.

Achten Sie bei Ihrer Zeitungslektüre auch auf Objekte, die vermutlich „Ladenhüter" sind – nämlich solche, die über einen längeren Zeitraum immer wieder angeboten werden – bei sinkenden Preisen. Allerdings sollten Sie kein vorschnelles Urteil fällen: In einer schwierigen Marktsituation können darunter auch sehr interessante Objekte sein. Prinzipiell ist hier aber Vorsicht zu empfehlen.

Zeitungsannoncen selbst schalten?

Selbstverständlich können Sie auch selbst eine Anzeige aufgeben. Der Vorteil besteht darin, dass Sie die Angebote gewissermaßen frei Haus bekommen. Das ist aber gleichzeitig auch ein Nachteil. Denn es erreichen Sie ja vergleichsweise nur wenige Angebote, darunter vermutlich eine Reihe schwer verkäuflicher Objekte, deren Besitzer hoffen, ihren „Ladenhüter" auf diese Weise an den Mann oder die Frau zu bringen. Natürlich können Sie auch Glück haben und etwas Passables finden. Insoweit empfiehlt sich das Inserat zumindest als zusätzliche Maßnahme.

So lesen Sie Zeitungsannoncen

- Die Anzeige gibt Ihnen erste Basisinformationen: wo sich das Objekt befindet, um was für ein Objekt es sich handelt, wie viel es kostet und welche Besonderheiten zu beachten sind. Genauere Informationen sind zunächst nicht üblich.
- Große, aufwendig gestaltete Anzeigen sprechen nicht unbedingt für die Qualität der Immobilie. Entscheidend ist, dass die Basisdaten stimmen. Alles andere können Sie bei einem Besichtigungstermin klären oder indem Sie einfach beim Verkäufer nachfragen.
- Sie sollten gerade auf unscheinbare Anzeigen von Privatleuten achten: knapper Text ohne jeden Schnörkel, am Ende eine private Telefonnummer.
- Manche Makler schalten Inserate, die denen der Privatleute zum Verwechseln ähnlich sehen. Sie geben zwar ihre Telefonnummer an, lassen aber ihren Namen weg. Solche

Manöver machen nicht gerade einen seriösen Eindruck. Um sicherzugehen, können Sie sich gleich zu Anfang erkundigen, ob für das Objekt Maklergebühren fällig werden.

- „Altbaustudio in zentraler Lage", „Traumhaus im Grünen", „familienfreundliches Wohnen": Wenn Sie über einen längeren Zeitraum die Inserate verfolgen und hin und wieder die dazugehörigen Objekte in Augenschein nehmen, werden Sie ein Gespür dafür entwickeln, wie phantasievoll Menschen, die Immobilien verkaufen, mit der Sprache umgehen. Und wie ernüchternd oftmals die Wahrheit ist, die sich hinter diesen blumigen Formulierungen verbirgt.

Eine nicht ganz ernst gemeinte Übersetzungshilfe	
Wenn Sie lesen ...	**so ist damit gemeint ...**
verkehrsgünstig	direkt an der Hauptverkehrsstraße
im Grünen	hinter den sieben Bergen
U-Bahn-Nähe	30 Minuten Fußweg zur U-Bahn
5 Minuten zur U-Bahn	20 Minuten Fußweg zur U-Bahn
10 Minuten zur U-Bahn	10 Minuten Fußweg zur U-Bahn
Für Kenner	Normalsterbliche würden das Objekt gewiss nicht kaufen.
mit Charme	ohne Komfort
mit Gartenanteil	Für Blumenpflege und Rasenmähen sind Sie verantwortlich.
Attraktives City-Studio	Klein und laut, aber teuer (das macht es so attraktiv)
Liebhaberobjekt	Investitionsruine

- Alle Zusätze, die nicht direkt etwas mit der Immobilie zu tun haben, sollten Sie misstrauisch machen: „Wohnen in der Hauptstadt", „Der Frühling ist da!" oder gar „Sommerschlussverkauf".
- Seien Sie aber auch nicht zu spitzfindig: Gerade Privatleute vergreifen sich manchmal im Ausdruck oder lassen wichtige Vorzüge unerwähnt.

Angebote bei Banken und Sparkassen

Viele Banken und Sparkassen bieten ebenfalls Immobilien an, d. h. sie vermitteln den Verkauf, betätigen sich also als Makler. Und übernehmen dann gerne die Finanzierung! Diese zwei Leistungen sollten Sie jedoch unabhängig voneinander betrachten. Selbstverständlich können Sie über die eine Bank ein Objekt kaufen und über eine andere die Finanzierung abwickeln.

Zurückhaltung ist am Platz, wenn Ihnen Ihre Bank ein „interessantes Investitionsobjekt", womöglich noch in einer fremden Stadt anbietet. Erst wenn Sie genauere Informationen über den örtlichen Immobilienmarkt haben, können Sie die Qualität des Angebots überhaupt beurteilen und guten Gewissens zugreifen – oder sich für eine andere Immobilie entscheiden. Daher sollte Ihre Bank niemals die einzige Informationsquelle sein.

Was Sie über Makler wissen sollten

Wenn Sie eine Immobilie erwerben, mit deren Verkauf ein Makler beauftragt ist, fallen Maklergebühren an – auch wenn der Makler den Kauf gar nicht aktiv vermittelt hat. Die Höhe ist unterschiedlich. Folgende Konstellationen sind möglich: 5 % plus MwSt werden vom Käufer getragen; 5 % plus MwSt werden vom Verkäufer getragen, d. h. sind in den Verkaufspreis eingerechnet (Innenprovision). Eine weitere Variante ist das Splitting. Dabei wird jeweils die Hälfte der Provision vom Käufer und vom Verkäufer gezahlt bzw. in den Verkaufspreis eingerechnet.

> Sie können jederzeit bei einem oder mehreren Maklern ganz unverbindlich anfragen, ob sie ein geeignetes Objekt vermitteln.

Weil eine Vielzahl von Verkäufen ohnehin über einen Makler läuft, liegt es nahe, sich direkt an den Makler zu wenden. Allerdings sollten Sie wissen:

- Die Bezeichnung Immobilienmakler ist nicht geschützt. Es gibt keine geregelte Ausbildung, jeder darf sich Makler nennen, der das möchte. Entsprechend viele „schwarze Schafe" tummeln sich in der Branche.
- Die Makler geben ja ihrerseits Inserate in den Zeitungen auf. Daher ist es unwahrscheinlich, dass Ihnen ein „Schnäppchen" entgeht, wenn Sie den Immobilienmarkt in der Zeitung aufmerksam verfolgen.

Suche über Internet und Fachzeitschriften

Das Angebot von Immobilien im Internet hat sich stark ausgeweitet. Es gibt eine ganze Reihe von Immobilienbörsen, die Sie über teilweise sehr komfortable Suchfunktion nach geeigneten Objekt durchkämmen können. Die Exposés können Sie sich bequem an Ihrem Bildschirm anschauen. Sie finden Fotos mit Innen – und Außenansichten, Grundrisse und einzelne Objekte können auch mit einer Webkamera virtuell besichtigt werden. Auch stellen einige Tageszeitungen ihre Immobilienanzeigen ins Netz.

Von Fachzeitschriften mit mehr oder minder umfangreichen Anzeigenteilen sollten Sie sich hingegen nicht allzu viel versprechen, wenn Sie nicht gerade ein spezielles Objekt suchen.

Immobilien ersteigern?

Eine etwas ungewöhnliche Art, eine Immobilie zu erwerben, besteht darin, sie bei einer gerichtlichen Zwangsversteigerung zu ersteigern. Dabei kommen in der Regel Objekte unter den Hammer, deren Finanzierung geplatzt ist. Die Objekte selbst unterscheiden sich nicht von Objekten, die auf dem „freien Markt" angeboten werden. Und auch die Gebote bewegen sich durchaus im Rahmen marktüblicher Preise.

> Gerüchte, bei Versteigerungen würden Traumvillen zum Schnäppchenpreis weggehen, sind ebenso unbegründet wie die Befürchtung, es würden „Schrottimmobilien" oder „Ladenhüter" versteigert.

Welche Objekte versteigert werden, erfahren Sie aus den „amtlichen Mitteilungen" des zuständigen Amtsgerichts. Doch wie kommen Sie an die amtlichen Mitteilungen? Entweder durchforsten Sie Ihre Tageszeitung, erwerben einen so genannten „Versteigerungskalender" oder Sie begeben sich zum Amtsgericht und schauen auf der dortigen Gerichtstafel nach.

Wenn Sie auf ein interessantes Objekt stoßen, kann es durchaus lohnend sein mitzubieten. Notar- und Maklerkosten entfallen, dafür müssen Sie eine Reihe anderer Dinge beachten. Bevor Sie an einer Versteigerung teilnehmen, sollten Sie sich gründlich vorbereiten. Doch so kompliziert wie es zunächst den Anschein hat, ist es nicht und es gibt brauchbare Literatur (siehe Literaturverzeichnis).

Persönliche Kontakte

Zuletzt der Hinweis: Nutzen Sie auch Ihre persönlichen Kontakte. Vielleicht weiß zufällig jemand in Ihrem Bekanntenkreis von einem anstehenden Verkauf, wobei Sie diesen Bekanntenkreis sehr weit fassen können. Es macht ja nichts, wenn Sie „über fünf Ecken" von einem Objekt erfahren, das für Sie in Frage kommt.

Größte Vorsicht allerdings bei „heißen Tipps"! Leider nutzen gerade einige unseriöse Immobilienanbieter persönliche Kontakte und Empfehlungen, um ihre höchst zweifelhaften Objekte zu verkaufen. Wenn Ihnen jemand ein bestimmtes Objekt geradezu aufdrängen will, lassen Sie die Finger davon!

Dritter Schritt: Der Besichtigungstermin

Haben Sie ein interessantes Objekt gefunden, das für Sie in Frage kommt? Dann vereinbaren Sie einen Besichtigungstermin. Auf diesen Termin sollten Sie sich gut vorbereiten, denn bei der Besichtigung fällt meist die Entscheidung, ob Sie das Objekt kaufen oder nicht.

Es ist durchaus keine verlorene Zeit, wenn Sie sich erst einmal ein Objekt ansehen, das Sie gar nicht kaufen wollen. Sie sammeln Erfahrungen, können besser vergleichen und einordnen, was Ihnen angeboten wird. Auch sollten Sie einen psychologischen Effekt nicht unterschätzen: Wenn Ihnen gleich die erste Immobilie, die Sie besichtigen, zusagt und Sie sie kaufen, so werden Sie sich irgendwie ungut fühlen, ganz einfach, weil Sie keine anderen gesehen haben.

Und bei Neubauten?

Wenn Sie einen Neubau erwerben, so gibt es in der Regel Musterwohnungen und -häuser, die Sie besichtigen können. Fertighaushersteller haben ebenfalls Musterausstellungen. Solche Musterobjekte sollen Ihnen einen Eindruck geben, wie Ihre Immobilie aussehen könnte. Nämlich viel besser, als Sie vermuten.

Wenn Sie so eine Musterausstellung besuchen, sollten Sie sich klarmachen, dass die Objekte, die Sie zu sehen bekommen, nicht selten wesentlich komfortabler ausgestattet sind. Klären Sie daher ganz genau,

- was zur Grundausstattung gehört,
- wie diese Grundausstattung genau aussieht und
- wie viel die „Sonderwünsche" kosten.

Seien Sie sehr aufmerksam, wenn es um die Ausstattung geht. Sehr oft müssen Sie noch mit erheblichen Zusatzkosten rechnen. Für die Anbieter ist die „Bemusterung" eine günstige Gelegenheit, Kosten zu verstecken.

Beispiel: Grundausstattung und Kosten

Einige Anbieter geben Ihnen die Möglichkeit, bestimmte Elemente der Grundausstattung selbst zu stellen und dadurch Geld zu sparen. Das klingt fair, allerdings ist die Ersparnis meist vergleichsweise gering. Manchen Kunden, die hier etwas sparen und dort etwas hinzufügen, sich also ihre „ganz individuelle" Auswahl zusammenstellen, gehen die Augen über, wenn sie die Kosten addieren.

Was erwartet Sie bei einem Besichtigungstermin?

Wenn Sie sich verschiedene Objekte ansehen, werden Sie feststellen: Besichtigungen können sehr unterschiedlich ablaufen. Manchmal dürfen Sie sich regelrecht hofiert fühlen; der Besitzer oder ein engagierter Makler zeigt Ihnen die Räume und steht Ihnen Rede und Antwort. Manchmal treffen Sie auf eine Gruppe weiterer Interessenten, die einander misstrauisch beäugen. Oder Sie begegnen einem feindseligen Mieter, der Sie und den Makler gar nicht in die Wohnung lassen möchte.

> Lassen Sie sich nicht unter Druck setzen. Wenn Sie keine Möglichkeit haben, das Objekt genau anzuschauen, ist es besser, Ihnen entgeht mal ein interessantes Objekt, als wenn Sie die „Katze im Sack kaufen" müssten.

Bei einigen, gerade älteren Objekten, kann es durchaus sinnvoll sein, einen Bausachverständigen zu beauftragen, ein Gutachten zu erstellen. Wenn Sie auf die schriftliche Ausformulierung verzichten, wird es erstens billiger und geht zweitens schneller.

Natürlich können Sie Ihr Sicherheitsbedürfnis auch übertreiben. Um es deutlich zu sagen: Im Normalfall ist es durchaus nicht üblich, einen Bausachverständigen einzuschalten. Wenn Sie selbst nicht in der Lage sind, Baumängel zu erkennen, nehmen Sie zum Besichtigungstermin einfach jemanden mit, der etwas davon versteht.

> Versuchen Sie auf jeden Fall vorher herauszufinden, was Sie erwartet: wer anwesend ist (Verkäufer, Makler, Mieter) und ob weitere Interessenten an der Besichtigung teilnehmen.

Besichtigungen mit mehreren Interessenten

... können Ihre eigene Dynamik entwickeln. Geschickten Verkäufern gelingt es, die Interessenten gegeneinander auszuspielen und den Preis noch weiter in die Höhe zu treiben.

Einen noch stärkeren Druck bauen Verkäufer auf, wenn sie eine altbewährte Strategie für schwer verkäufliche Gebrauchtwagen anwenden und die Interessenten relativ dicht aufeinander bestellen, so dass der eine noch nicht ganz fertig ist, während der andere bereits ungeduldig wartet.

Aber bei einer Besichtigung zu mehreren kann auch der gegenteilige Effekt eintreten: Ein Interessent entdeckt allerlei Mängel, wiegt bedeutungsschwer den Kopf und bringt alle anderen dazu, abzuspringen. Es wird Sie nicht überraschen zu erfahren, dass solche Miesmacher nicht selten ein brennendes Interesse an den betreffenden Objekten haben und nur den Preis drücken wollen.

Gegen solche taktischen Manöver gibt es nur ein Gegenmittel: Sie gehen mit klaren Vorstellungen zum Besichtigungstermin und wissen ganz genau, wie viel Sie für das Objekt bezahlen würden – vorausgesetzt, es ist in Ordnung.

Darauf sollten Sie besonders achten

Natürlich können Sie jedes Bohrloch persönlich auf seine Tiefe überprüfen, doch dürften Sie sich dadurch eher verzetteln als einem Wert mindernden Schaden auf die Spur zu kommen. Ohnehin ist es eine Illusion anzunehmen, Sie könnten jedes Risiko ausschließen. Halten Sie sich daher an das Wesentliche: Was ist relativ empfindlich? Was verursacht hohe Kosten?

Zwar gibt es große Unterschiede, worauf Sie bei den verschiedenen Objekten aufmerksam sein sollten, doch die folgenden Punkte sollten eigentlich in jedem Fall gründlich überprüft werden:

- **Heizung**
  Alter, Funktionstüchtigkeit. Zustand der Heizkörper. Gibt es Räume, die nicht beheizt werden? Werfen Sie auch einen Blick auf die Heizkostenrechnung.
- **Elektrische Leitungen**
  Sind sie altersschwach, schlecht verlegt, haben eine schwache Leistung? Wie verlaufen sie? Wo befinden sich die Sicherungskästen?
- **Sanitärinstallationen und Rohre**
  Alter, Zustand, Verlauf der Rohre. Lage der Anschlüsse. Bei älteren Rohren: Sind die Rohre aus Blei oder Kupfer?
- **Bausubstanz**
  Zustand der Wände. Feuchtigkeit? Hausschwamm?
- **Fenster**
  Sind sie angefault oder undicht?
- **Schallschutz**
  Wichtig, nicht nur an verkehrsreichen Straßen – wer hört schon gern den Nachbarn schnarchen? Außerdem sehr wichtig: Trittschalldämmung!
- **Wärmedämmung**
  Ist sie nicht in Ordnung, hilft die beste Heizung nichts.
- **Dach**
  Allgemeiner Zustand wichtig. Eine Dachsanierung ist teuer; daher auch prüfen, wenn Sie eine Wohnung im Erdgeschoss kaufen. Es regnet zwar nicht bei Ihnen rein, doch für eine Sanierung müssen auch Sie zahlen.

Natürlich gibt es noch eine Reihe von anderen Dingen, die Sie im Auge behalten sollten. Ein Datenblatt zum Ausfüllen, das Sie kopieren und zum Besichtigungstermin mitnehmen können, finden Sie ab Seite 60.

Vierter Schritt: Studieren Sie die Unterlagen

Welche Unterlagen Sie sich vor Vertragsabschluss sehr genau ansehen sollten, hängt ganz davon ab, welche Art von Immobilie Sie erwerben.

- Bei einem Haus: Grundbuchauszug, Bauplan, ggf. Baugenehmigungen.
- Bei einer Eigentumswohnung: zusätzlich Teilungserklärung, Jahresabrechnung, aktueller Wirtschaftsplan, Protokolle der Eigentümerversammlungen.
- Bei einem Neubau, den Sie von einem Bauträger erwerben, sollten Sie genügend Zeit haben, vor dem Abschluss den Vertragstext bzw. den Entwurf zu studieren.

Was steht im Grundbuchauszug?

Wenn Sie eine Immobilie kaufen, erwerben Sie nicht unbedingt ein Gebäude, sondern in erster Linie den Grund und Boden, auf dem es steht. Denn als Grundeigentümer sind Sie automatisch auch Eigentümer der Gebäude, die sich auf Ihrem Grundbesitz befinden. Im Grundbuch der Gemeinde steht, was zum Grundstück gehört. Welche Art der Nutzung erlaubt bzw. verboten ist (Bebaubarkeit), muss hingegen nicht immer im Grundbuch festgehalten sein. Darüber sollten Sie sich bei der Baugenehmigungsbehörde informieren.

Beispiel

Wenn Ihnen jemand eine Kuhweide verkauft, dürfen Sie nicht einfach ein Haus darauf errichten – es sei denn, die Kuhweide ist als Baugrundstück ausgewiesen.

Bestehen „dingliche Dauerschuldverhältnisse"?

Im Grundbuch ist festgehalten, wer der Eigentümer ist, ob das Grundstück durch Hypotheken belastet ist und ob irgendwelche so genannten „dinglichen Dauerschuldverhältnisse" bestehen. Darunter versteht man, ob jemand Wohnrecht, Wegerecht oder Nießbrauchrecht hat oder ob eine Rente an jemanden zu zahlen ist. Diese „dinglichen Dauerschuldverhältnisse" sind in der „Zweiten Abteilung" des Grundbuchs festgehalten. Sie sind äußerst wichtig, weil dadurch die freie Verfügung über das Grundstück sehr stark eingeschränkt werden kann. Solche Objekte sind dann oft unverkäuflich.

Beispiel

Undramatisch dürfte es sein, wenn Ihr Nachbar das Recht hat, eine Straße mitzubenutzen, die zu Ihrem Grundstück gehört. Besitzt aber jemand das Wohnrecht oder gar einen Nießbrauch, so haben Sie auf die betreffenden Räumlichkeiten zunächst keinen Zugriff. Sie sind nur der „juristische Eigentümer". Der Nießbraucher darf seine Räumlichkeiten sogar vermieten und die Einnahmen behalten. Erst mit seinem Ableben erlischt der Nießbrauch.

Was ist mit Hypotheken?

Was die Hypothek oder Grundschuld betrifft, so brauchen Sie nicht die Befürchtung zu haben, diese Schulden zusätzlich übernehmen zu müssen. Zwar lösen Sie als neuer Eigentümer die Grundschuld in der Regel ab, sobald der Kaufpreis fällig wird. Der Kaufpreis ändert sich aber dadurch nicht.

Beispiel

Sie erwerben ein Haus zum Kaufpreis: 350.000 EUR. Als Grundschulden sind eingetragen: ein Darlehen über 70.000 EUR und eines über 35.000 EUR. Das bedeutet: Sie lösen beide Darlehen in Höhe von 105.000 EUR ab und überweisen an den Vorbesitzer 245.000 EUR. Insgesamt zahlen Sie also 350.000 EUR, mithin den gleichen Betrag, den Sie entrichten müssten, wenn gar keine Grundschuld eingetragen wäre.

Wo können Sie das Grundbuch einsehen?

Nach jeder Änderung des Grundbuchs verschickt das Grundbuchamt entsprechende Mitteilungen an die Betroffenen. Der Vorbesitzer sollte also über entsprechende Unterlagen verfügen und sie Ihnen präsentieren können. Auf jeden Fall sollten Sie diese Informationen mit denen vergleichen, die beim Notartermin in den Kaufvertrag aufgenommen werden. Denn nur die sind relevant.

Hat der Vorbesitzer die Unterlagen nicht zur Hand, können Sie auch direkt beim Grundbuchamt danach fragen. Allerdings darf nicht jeder Einsicht nehmen. Voraussetzung ist, dass Sie „ein berechtigtes Interesse" an den Informationen haben. Wenn Sie bereits in Verhandlungen mit dem Eigentümer stehen, ist dies der Fall.

Bekanntlich mahlen die Mühlen der Ämter nicht immer in höchster Geschwindigkeit. Wenn Sie die Unterlagen in Kopie vom Eigentümer bekommen können, greifen Sie zu!

Sonderfall Erbbaurecht

Baugrundstücke sind – gerade in Ballungsgebieten – oftmals unerschwinglich. Sie müssen aber ein Baugrundstück erwerben, denn nur als Eigentümer des Grundstücks sind Sie auch Eigentümer des Hauses. Allerdings gibt es hier ein Schlupfloch: das Erbbaurecht. Danach haben Sie die Möglichkeit, Ihr Haus auf fremden Grund und Boden zu bauen. An den Grundeigentümer zahlen Sie eine Art Nutzungsgebühr, den so genannten Erbbauzins.

Seine Höhe richtet sich nach dem Verkehrswert des Grundstücks, eine gute Lage ist natürlich teurer. Allerdings liegen die Kosten noch immer weit unter denen, die Sie für eine entsprechende Hypothekenzahlung rechnen müssten.

Der Haken bei der Sache: Der Grundeigentümer hat ein Mitspracherecht, was auf seinem Grundstück gebaut wird. Im Normalfall dürfte er Ihnen allerdings kaum besondere Vorschriften machen, nicht zuletzt auch, weil der Erbbaugrund meist Kirchen, Städten, Gemeinden oder Unternehmen gehört, unpersönlichen Eigentümern also, die wenig Interesse daran haben dürften, Ihnen bei der Gestaltung Ihres Eigenheims reinzureden. Dennoch müssen Sie sich stets eine Genehmigung einholen, auch wenn Sie später umbauen.

Die Laufzeit der Verträge reicht über die Lebensdauer der Vertragschließenden weit hinaus. Typischerweise beträgt sie 75 oder 99 Jahre. Nach Ablauf kann der Vertrag verlängert werden oder das Gebäude geht an den Grundstücksbesitzer über, wobei der Hausbesitzer angemessen entschädigt werden muss.

Sie können ohne weiteres ein Haus auf einem Erbbau-Grundstück vom Hausbesitzer kaufen. Der Grundeigentümer muss zustimmen, aber das ist eine reine Formalität.

Dem Grundbuchauszug können Sie entnehmen, wer der Grundeigentümer ist und wer der „Erbbauberechtigte". Durch den Kauf treten Sie an seine Stelle.

> Selbstverständlich sollten Sie sich vor Abschluss des Kaufvertrages den Erbbauvertrag genauer ansehen. Klären Sie vor allem die verbleibende Laufzeit und die Regelungen nach Ablauf des Vertrages.

Vorsicht, Vorkaufsrecht!

Erkundigen Sie sich frühzeitig, ob für die Immobilie ein Vorkaufsrecht besteht. Obwohl – gerade bei Erbbaugrundstücken – dieser Fall gar nicht so selten ist, herrscht eine erstaunliche Unkenntnis, was genau damit gemeint ist. Viele Verkäufer wissen nicht Bescheid, aber sogar manche Vorkaufsberechtigte täuschen sich über ihre Rechte.

- Das Vorkaufsrecht muss im Grundbuch eingetragen sein. Sonst ist es unwirksam. Mündliche Absprachen oder Klauseln im Mietvertrag haben keinerlei Bedeutung.
- Das Vorkaufsrecht bedeutet nicht, dass der Verkäufer den Vorkaufsberechtigten vor dem Verkauf fragen muss. Vielmehr räumt es dem Vorkaufsberechtigten das Recht ein, in einen bestehenden Kaufvertrag einzusteigen.

Lassen Sie sich eine Verzichtserklärung geben

Für Sie als Käufer heißt das: Wenn Sie den Kaufvertrag unterschrieben haben, hat der Vorkaufsberechtigte zwei bis drei Monate Zeit zu überlegen, ob er an Ihrer Stelle in den Vertrag einsteigt. Das wäre natürlich äußerst unangenehm für Sie. Bestehen Sie daher vor Abschluss des Kaufvertrages darauf, dass Sie eine Verzichtserklärung des Vorkaufsberechtigten bekommen.

In aller Regel dürfte das kein Problem sein, denn kaum ein Vorkaufsberechtigter hat an der Ausübung seines Rechts ein Interesse. Dennoch erhöht eine Vorverkaufsklausel die Unsicherheit für den Käufer und schmälert damit den Wert der Immobilie.

> Das Vorkaufsrecht bezieht sich nur auf Immobilien, die tatsächlich verkauft werden. Andere Formen der Eigentumsübertragung (Erbschaft, Tausch, Schenkung) bleiben davon unberührt.

Warum Sie Baupläne und Baugenehmigungen kennen sollten

Natürlich können Sie ein Haus kaufen, auch ohne sich in den Bauplan oder die Bauzeichnungen zu vertiefen. Gerade bei älteren Gebäuden werden Sie oft vergeblich nach einem Bauplan fragen. Entscheidend ist ohnehin, was Sie vor Ort sehen. Der Bauplan ermöglicht Ihnen jedoch eine bessere Orientierung und Planung. Wenn Sie etwas verändern möchten, anbauen oder Wände herausnehmen, ist ein Bauplan äußerst nützlich.

Interessant wird es natürlich überall dort, wo die Realität vom Bauplan abweicht. Handelt es sich um spätere An-, Aus- und Umbauten, nachträglich eingesetzte Kamine oder Nebengebäude, ist in der Regel eine Baugenehmigung erforderlich. Kann der Verkäufer die nicht vorlegen, liegt der Verdacht nahe, dass diese Veränderungen nicht ganz legal erfolgt sind und Sie sich später unter Umständen Ärger mit der Baubehörde einhandeln.

Welche Unterlagen für Ihre Eigentumswohnung relevant sind

Wissen, was Ihnen gehört

Viele, die eine Eigentumswohnung kaufen wollen, sind überzeugt, sie erwerben eine Wohnung und sonst nichts. Was sich drum herum befindet, könnte ihnen ziemlich egal sein. Das ist aber ein folgenschwerer Irrtum. Wenn Sie eine Eigentumswohnung kaufen, sollten Sie Folgendes wissen:

- Sie gehören einer Eigentümergemeinschaft an. Dazu zählen alle anderen Wohnungsbesitzer in Ihrem Haus oder Ihrer Wohnanlage.
- Der Eigentümergemeinschaft gehört das so genannte Gemeinschaftseigentum. Dazu zählt mehr als vielfach angenommen wird: nicht nur Treppenhaus, Dachboden, Flure, Fahrradkeller und Innenhof, sondern auch Rohre, Leitungen, Installationen hinter der Wand, Dämm- und Isolierungsschichten, Dächer, Fenster, Schornsteine, Keller, Außentüren, Balkone, tragende Wände (auch innerhalb der Wohnung), Gebäudedecken, Außenwände und Fassaden. Und schließlich: das Grundstück.
- Nur das Sondereigentum gehört ganz allein Ihnen. Und das fällt bei näherer Betrachtung überraschend mager aus: nichttragende Wände, Fußbodenbeläge, Wand- und Deckenputz, die Innenseite der Wohnungstür, Tapeten, Elektro-, Heizungs-, und Sanitärleitungen nach der Abzweigung von den Hauptleitungen, Heizung und Sanitärinstallationen. Unter Umständen kommt ein Dachboden- oder Kellerabteil hinzu, wenn es als Ihr Sondereigentum ausgewiesen ist.
- Sie sollten auf alles genauestens achten, was die Eigentümergemeinschaft und das Gemeinschaftseigentum betrifft. Auch eine makellose Wohnung kann für Sie zum Geldgrab werden, wenn das Gemeinschaftseigentum in sehr schlechtem Zustand ist.

Beispiel: Gemeinschaftskosten sind auch Ihre Kosten

Auch als Eigentümer einer Erdgeschosswohnung müssen Sie die Kosten für den Fahrstuhl tragen. Würden Sie als Mieter dort wohnen, dürften die Kosten übrigens nicht auf Sie umgelegt werden. Doch handelt es sich um zwei grundlegend verschiedene Sachverhalte. Im ersten Fall geht es um das Eigentum, im zweiten Fall um die Nutzung.

Definiert Ihr Eigentum: die Teilungserklärung

Sie sollten den Kaufvertrag nicht unterschreiben, solange Sie nicht die Teilungserklärung gelesen haben. Sie ist für Ihre Eigentumswohnung das zentrale Dokument. Denn ihr können Sie entnehmen, wie das Haus oder die Wohnanlage aufgeteilt ist, was zu Ihrem Wohneigentum dazugehört, wie es definiert ist und – ebenfalls eine wichtige Größe – wie hoch Ihr Anteil am gesamten Eigentum ist.

Außerdem regelt die Teilungserklärung die Beziehungen der Eigentümer untereinander und legt fest, welche Verfahrensregeln bei den Eigentümerversammlungen gelten.

Im Normalfall umfasst eine Teilungserklärung drei Teile:

1 Die Teilungserklärung im engeren Sinne: die Beschreibung des Gebäudes und seiner Aufteilung. Alle Räume und Eigentumseinheiten sind bezeichnet und nummeriert, ihre Nutzung ist festgelegt, ebenso sind die Miteigentumsanteile definiert.

2 Den Aufteilungsplan: Er besteht aus einer oder mehreren Bauzeichnungen, aus der Sie Lage und Größe der Räume ersehen können. Die Nummerierung entspricht der Beschreibung oder sollte es zumindest tun.

3 Die Gemeinschaftsordnung: gewissermaßen die Grundsatzung der Eigentümergemeinschaft.

Wo können Sie die Teilungserklärung einsehen?

In der Regel wird Ihnen der Verkäufer die Teilungserklärung aushändigen. Ist das nicht der Fall, sollten Sie sich an den Verwalter wenden. Oder direkt an das Grundbuchamt, das ebenfalls über die Teilungserklärung mit Aufteilungsplan und Gemeinschaftsordnung verfügt.

Gehen Sie die Teilungserklärung durch!

Vielleicht haben Sie eine Abneigung gegen solche umständlich formulierten Schriftstücke und würden sich die etwas spröde Lektüre gern ersparen. Wenn Sie einem Verein beitreten, studieren Sie ja auch nicht erst die Satzung. Und doch sollten Sie die Teilungserklärung zumindest auf problematische Regelungen abklopfen. Aus einem Verein können Sie leicht wieder austreten. Bei einer ungünstigen Teilungserklärung geht das nicht so einfach und Sie verlieren dabei sehr viel Geld.

> Was in der Teilungserklärung steht, lässt sich kaum wieder rückgängig machen, denn die Teilungserklärung kann nur mit Zustimmung aller (!) Eigentümer geändert werden.

Was gehört zu Ihrem Eigentum?

In der Teilungserklärung im engeren Sinne ist Ihr Wohneigentum beschrieben. Alle Einheiten tragen eine Nummer. So können Sie erkennen, welches Dachboden- oder Kellerabteil Ihrer Wohnung zugeordnet ist. Auch erfahren Sie, wie Sie Ihr Eigentum, das Sondereigentum, nutzen dürfen.

Dabei wird unterschieden zwischen:

- Wohneigentum: Zweckbestimmung Wohnen. Das Wohneigentum muss über Wasserversorgung, Ausguss, WC und eine Kochgelegenheit verfügen.
- Teileigentum: Alle Räumlichkeiten, die nicht zum Wohnen bestimmt sind. Das können Gewerberäume sein, Dachböden, Kellerräume oder Speicher.

> Achtung! Sie dürfen Ihr Eigentum nicht zweckentfremden! In einer Wohnung dürfen Sie keine Stehkneipe einrichten. Allerdings wird eine berufliche Nutzung in manchen Fällen toleriert. Ausschlaggebend ist die Belastung der Mitbewohner.

Was gehört zum Teileigentum?

Aber nicht nur Ihr eigenes, auch das Sondereigentum Ihrer Miteigentümer sollten Sie im Blick behalten. Dabei geht es in erster Linie um die Räumlichkeiten, die als „Teileigentum" bezeichnet sind. Sind sie schlicht als „Teileigentum" definiert, ist dort im Grunde jede berufliche oder gewerbliche Tätigkeit erlaubt: vom Tante-Emma-Laden bis zur Techno-Disco.

Genau diese Unbestimmtheit wollen natürlich die meisten Eigentümergemeinschaften vermeiden. Sonst müssten sie befürchten, dass in ein Papiergeschäft ein fettdampfender Schnellimbiss einzieht. Deshalb wird die Nutzung des Teileigentums meist auf einen bestimmten Zweck hin festgelegt, z. B. als „Teileigentum Laden" oder „Teileigentum Speicherraum".

- Prüfen Sie, wie hoch Ihr Miteigentumsanteil ist. Diese Zahl drückt aus, welchen Anteil Sie am Gesamteigentum erwerben. In der Regel werden alle Lasten und Kosten des Gemeinschaftseigentums nach der Größe des Anteils verteilt. Je höher der Anteil, umso höher auch die Kosten.
- Darüber hinaus legen viele Gemeinschaftsordnungen fest, dass bei den Eigentümerversammlungen die Stimmen ebenfalls nach dem Miteigentumsanteil gewichtet werden. Es gibt allerdings auch andere Regelungen: Pro Eigentümer eine Stimme oder pro Wohnung eine Stimme.

Haben Sie Sondernutzungsrechte?

In der Teilungserklärung erfahren Sie auch, ob Ihnen irgendwelche Sondernutzungsrechte zustehen. Meist handelt es sich darum, dass Sie über ein bestimmtes Kellerabteil, einen Dachbodenraum oder einen Gartenanteil verfügen dürfen. Oder Ihnen wird ein bestimmter Stellplatz für Ihr Auto zugewiesen.

Beispiel: Sondereigentum oder Sondernutzungsrecht?

Gehört Ihr Kellerabteil zu Ihrem Sondereigentum? Oder dürfen Sie darüber verfügen, weil Sie ein Sondernutzungsrecht dafür haben? Der Unterschied: Nur wenn der Kellerraum Ihr Sondereigentum ist, so ist er Ihr Besitz. Haben Sie ein Sondernutzungsrecht, so gehört er der Eigentümergemeinschaft und Sie dürfen ihn im vorgegeben Rahmen nutzen.

Werfen Sie auch einen Blick auf den Aufteilungsplan und prüfen Sie nach, ob alle Räume, die gemäß der Teilungserklärung zu Ihrem Sondereigentum gehören, auch im Aufteilungsplan richtig bezeichnet sind. Ist dies nicht der Fall, hat dies unangenehme Folgen: Das Sondereigentum ist dann nämlich, wie die Juristen sagen, „nicht rechtswirksam entstanden". Damit gehört der Raum zum Gemeinschaftseigentum.

Achten Sie auf nachteilige Regelungen!

Die Gemeinschaftsordnung sollten Sie daraufhin anschauen, ob irgendwelche Regelungen darin enthalten sind, die sich zu Ihrem Nachteil auswirken könnten:

- Die Verteilung der Gemeinschaftskosten. Achten Sie darauf, nach welchem Schlüssel die Kosten umgelegt werden.
- Regelungen zum Stimmrecht bei Eigentümerversammlungen. Nachteilig sind alle Bestimmungen, die Ihrer Stimme zu wenig Gewicht geben.
- Die Festlegung des ersten Verwalters, seiner Rechte und Pflichten. Ist der Verwalter mit dem Bauträger identisch oder irgendwie mit ihm verbandelt, sollten Sie vorsichtig sein.

Ob die Teilungserklärung in Ordnung ist, können Sie mit Hilfe folgender Checkliste überprüfen.

Checkliste: Teilungserklärung

1 Wie ist Ihre Wohnung definiert? Welches Wohneigentum und welches Teileigentum gehören dazu?

2 Welche Räume gehören zum Gemeinschaftseigentum und können von Ihnen genutzt werden?

3 Welche Räume sind als Teileigentum bestimmt? Unterliegt das Teileigentum bestimmten Beschränkungen?

4 Stimmen Teilungserklärung und Aufteilungsplan überein?

5 Wie hoch ist Ihr Miteigentumsanteil? Entspricht er der Größe Ihrer Wohnung im Verhältnis?

6 Gibt es Wohnungen, die begünstigt werden? Etwa durch einen zu geringen Miteigentumsanteil?

7 Welche Sondernutzungsrechte stehen Ihnen zu?

8 Nach welchem Prinzip werden die Gemeinschaftskosten verteilt? Werden Sie durch diesen Schlüssel benachteiligt?

9 Gibt es für verschiedene Kostenarten verschiedene Verteilerschlüssel? Sind diese Schlüssel gerecht?

10 Wie wird bei der Eigentümerversammlung abgestimmt? Haben Sie genügend Stimmrechtsanteile?

11 Ist zu befürchten, dass ein Eigentümer, der viele Wohnungen besitzt, ein Entscheidungsmonopol innehat?

12 Sind zu viele Entscheidungen einstimmig zu treffen? Besteht die Gefahr, dass die Gemeinschaft entscheidungsunfähig wird?

Jahresabrechnung und Wirtschaftsplan

Die Teilungserklärung ist gewissermaßen die Theorie. Wie die Praxis aussieht, erfahren Sie aus Jahresabrechnung, Wirtschaftsplan und den Protokollen der Eigentümerversammlungen. Diese Unterlagen gehören eng zusammen. Verfertigt werden sie vom Verwalter der Wohnanlage, der sie einmal im

Jahr (am sinnvollsten vor der jährlichen Eigentümerversammlung) den Eigentümern zuschickt.

- Die Jahresabrechnung gibt Auskunft, welche Gemeinkosten im vergangenen „Geschäftsjahr" angefallen sind. Es handelt sich um eine Art Rechenschaftsbericht für das Wohngeld, das die Eigentümer jeden Monat an den Verwalter überweisen.
- Der Wirtschaftsplan richtet sich hingegen auf das kommende Jahr. Welche Ausgaben sind geplant? Wie hoch sind die einzelnen Posten veranschlagt?

Aus dem aktuellen Wirtschaftsplan errechnet sich das Wohngeld, das Sie entrichten müssen, während Ihnen die Jahresabrechnung zeigt, wie mit dem Wohngeld gewirtschaftet wurde. Ebenso können Sie erkennen, wie realistisch die Planung des Verwalters gewesen ist. Denn es gibt eine Gegenüberstellung von Soll- und Istzahlen.

> Gehen Sie vor dem Immobilienkauf die Jahresabrechnung und den Wirtschaftsplan durch und überprüfen Sie sie auf ihre Stimmigkeit. Sind einzelne Posten überhöht oder unklar? Ist Ihr Anteil an den Gesamtposten schlüssig und für Sie nachvollziehbar?

Achten Sie auf die Höhe der Instandhaltungsrücklage!

Eine sehr wichtige Information für Sie ist die Höhe der so genannten Instandhaltungsrücklage. Aus diesem Topf werden alle Renovierungen des Gemeinschaftseigentums bezahlt. Ist die Rücklage niedrig, müssen künftige Renovierungen über

Sonderumlagen finanziert werden. Oder was noch schlechter ist: Sie unterbleiben ganz.

Erkundigen Sie sich ggf., warum die Instandhaltungsrücklage niedrig ist. Wurde gerade eine aufwendige Fenstersanierung davon bezahlt, ist dies anders zu bewerten, als wenn die Eigentümergemeinschaft unter chronischem Geldmangel leidet.

Protokolle der letzten Eigentümerversammlungen

Viele Interessenten verschwenden keinen Gedanken daran, die Protokolle der Eigentümerversammlungen einzusehen. Das kann ein verhängnisvoller Fehler sein. Denn aus den Protokollen erfahren Sie, welche Entscheidungen die Eigentümergemeinschaft getroffen hat. Und wie sie diese getroffen haben. Beides kann durchaus kaufentscheidend sein.

Überprüfen Sie zum Beispiel:

- Wie ist das Klima in der Gemeinschaft? Gibt es verschiedene Fraktionen, die verfeindet sind? Einzelkämpfer, die sich stets quer legen?
- Stehen Umbauten, Renovierungen, Sanierungen ins Haus? Ist dafür eine Sonderumlage (eine einmalige Zahlung) geplant? In welcher Höhe?
- Lehnt die Gemeinschaft Renovierungen, die notwendig wären, ab? Ist die Gemeinschaft zu finanzschwach?
- Führt die Eigentümergemeinschaft Prozesse? Gegen Handwerker? Einzelne Eigentümer? Oder wird sie verklagt?

- Weigern sich mehrere Eigentümer die Beschlüsse der Gemeinschaft umzusetzen?
- Gab es in den vergangenen Jahren mehrere Verwalterwechsel?
- Sind Beschlüsse gefasst worden, die Sie nicht akzeptieren können?

Schwerwiegende Fragen, deren Antwort Sie kennen sollten. Lassen Sie sich daher unbedingt die Protokolle aushändigen. Sie sind ebenso wichtig wie die Teilungserklärung. Und auch hier gilt: Ohne die Protokolle gelesen zu haben, sollten Sie den Kaufvertrag nicht unterschreiben.

Exkurs: Die Eigentümergemeinschaft

Eigentümergemeinschaften sind so unterschiedlich wie die Menschen, die ihnen angehören.

Kleine Gemeinschaften haben den Vorzug, dass sie übersichtlich sind und häufig schneller eine Einigung erzielen. Andererseits wirken sich außergewöhnliche Belastungen und negative Entwicklungen stärker aus als bei großen Gemeinschaften. Muss das Dach saniert werden, reißt das ein Riesenloch ins gemeinsame Budget. Wird ein Miteigentümer zahlungsunfähig, müssen die anderen „gesamtschuldnerisch" für ihn haften, also die Kosten übernehmen. Weiterhin ist die Gefahr größer, dass ein Eigentümer mit hohen Stimmrechtsanteilen alle anderen bevormundet.

Größere Gemeinschaften können größere Anschaffungen tätigen; allerdings fallen hier auch mehr Kosten an. Weiterhin kann sich die Größe negativ auf den Zusammenhalt auswirken. Wenn die Gemeinschaft mehrere Häuser umfasst, die zudem noch in unterschiedlichem Zustand sind, sind Konflikte eigentlich vorprogrammiert.

> Die Qualität der Eigentümergemeinschaft ist unabhängig von ihrer Größe. Es kommt eher darauf an, dass die Eigentümer ähnliche Interessen haben. Also achten Sie darauf, dass die Gemeinschaft halbwegs homogen ist – und Sie sich nicht als Außenseiter wieder finden.

Der Energieausweis

Bevor Sie den Kaufvertrag unterschreiben, sollten Sie sich auf jeden Fall den so genannten „Energieausweis" oder „Energiebedarfsausweis" vorlegen lassen. Dieses Dokument gibt darüber Auskunft, wie es um die energetischen Qualitäten des Gebäudes bestellt ist. Anders gesagt, mit was für einem Verbrauch an Heizenergie Sie rechnen müssen.

Zwar ist der Energieausweis erst ab 1. Januar 2009 für Wohngebäude aller Baujahre zwingend vorgeschrieben, doch verfügen sehr viele Immobilien bereits jetzt über einen solchen Ausweis. Ihr Verkäufer braucht also gute Gründe, wenn er Ihnen den Ausweis nicht vorlegen kann. Ansonsten können Sie sich Ihren eigenen Reim auf die Energiebilanz des Gebäudes machen.

Ab wann ist der Energieausweis vorgeschrieben?

- Ab 1. Juli 2008: für alle Wohngebäude, die bis 1965 erbaut worden sind

- Ab 1. Januar 2009: für alle Wohngebäude
- Ab 1. Juli 2009: auch für Nichtwohngebäude

Spätestens ab diesem Zeitpunkt muss der Energieausweis bei jedem Verkauf und bei jeder Neuvermietung vorgelegt werden. Sonst droht eine empfindliche Geldstrafe. Wenn Sie die Immobilie vermieten wollen, brauchen Sie also früher oder später selbst einen solchen Ausweis. Den müssen Sie nämlich bei jedem Mieterwechsel präsentieren können.

> Wenn Sie einen Neubau erwerben, dann ist der Verkäufer bereits jetzt verpflichtet, Ihnen einen Energiebedarfsausweis vorzulegen.

Zwei Arten von Energieausweisen

Grundsätzlich gibt es zwei verschiedene Arten von Energiepässen:

1. Bedarfsbasierter Energieausweis: Aus den Eigenschaften des Gebäudes, seinem Zuschnitt, seiner Ausrichtung, der Wärmedämmung und Belüftung, dem Zustand der Heizung etc. wird von einem Sachverständigen ein „objektiver" Energiebedarf berechnet – das heißt, unabhängig vom tatsächlichen Verbrauch an Heizenergie durch die jetzigen Bewohner.
2. Verbrauchsbasierter Energieausweis: Grundlage ist der tatsächliche Verbrauch an Heizenergie während der vergangenen drei Jahre. Daraus wird ein Mittelwert errechnet, der zur Beurteilung der Energiebilanz herangezogen wird.

Es ist der „bedarfsbasierte" Ausweis, der als höherwertiger und aussagekräftiger gilt. Für Neubauten ist er ohnehin vorgeschrieben. Und auch Wohngebäude, die nicht mehr als vier Wohnungen umfassen und bei denen der Bauantrag vor dem 1. November 1977 eingereicht wurde, brauchen spätestens ab dem 1. Oktober 2008 einen bedarfsbasierten Ausweis.

Der große Vorteil des „verbrauchsbasierten" Ausweises liegt denn auch auf Seiten des Verkäufers: Das Verfahren, einen solchen Pass zu erstellen, ist wesentlich einfacher. Und daher ist dieser Pass auch erheblich günstiger. Er kostet nur einen Bruchteil des „bedarfsbasierten" Ausweises – und er liefert meist auch noch ein günstigeres Ergebnis, d. h. die Immobilie wird besser eingestuft.

Für Sie als Käufer ist also der strenge, bedarfsbasierte Ausweis attraktiver. Doch auch der verbrauchsbasierter Energieausweis liefert Ihnen zumindest einen Anhaltspunkt für die Energiebilanz. Ist die Bewertung gut, spricht das gewiss nicht gegen den Kauf (wobei Sie daran denken sollten, dass der bedarfsbasierte Ausweis häufig strenger bewertet).

Was lässt sich am Energieausweis ablesen?

Die wichtigste Information steht gleich am Anfang: Nämlich die Gesamtbewertung. Ein dicker Pfeil über einer Farbleiste gibt darüber Auskunft, wie gut das Gebäude im Hinblick auf seine Energieeffizienz abschneidet. Dabei gilt: Steht der Pfeil auf Dunkelgrün, ist die Energiebilanz ausgezeichnet, der gelbe Bereich ist mittelmäßig und ein Wert im roten Bereich ist in der Regel nicht akzeptabel.

Auf der ersten Seite finden Sie auch weitere aufschlussreiche Angaben:

- Baujahr des Gebäudes
- Baujahr der Heizung
- Datum, wann der Energieausweis erstellt wurde

Bei den bedarfsbasierten Ausweisen können Sie weiter hinten im Dokument auch „Modernisierungstipps" finden, die Sie sich ebenfalls genauer anschauen sollten. Aus diesen Hinweisen können Sie ersehen, welche Maßnahmen womöglich auf Sie zukommen (z. B. Dämmung der Kellerdecke, Austausch der Fenster) und welchen Effekt sie auf die Energiebilanz haben.

Häufig sind die Modernisierungstipps gestaffelt in Basismaßnahmen und aufwändigere Arbeiten. Daran lässt sich ablesen, welche Energieeffizienz bei dem betreffenden Gebäude überhaupt erreichbar ist.

Wie aussagekräftig ist der Energieausweis?

Der verbrauchsbasierte Energieausweis gibt Ihnen nur einen Anhaltspunkt, während Sie mit dem bedarfsbasierten Energieausweis detailliertere Informationen erhalten. Nach dem Willen des Gesetzgebers soll er sich als Standard durchsetzen. Doch unabhängig davon, ob es sich um die verbrauchs- oder bedarfsbasierte Variante handelt, sollten Sie bei der Bewertung der Informationen auf die folgenden Punkte achten:

- Der Energieausweis bezieht sich ausschließlich auf die Energiebilanz des *gesamten* Gebäudes. Ob die einzelne Wohnung, die Sie erwerben, gut oder schlecht isoliert ist, geht daraus nicht hervor.
- Sie sollten sich daher auf jeden Fall auch die Heizkostenabrechnung der betreffenden Wohnung anschauen – sowie natürlich auch Türen, Heizung und Fenster.
- Der Energieausweis dient ausschließlich der Information von Mietern und Käufern. Irgendwelche Ansprüche, die Energieeffizienz zu verbessern, lassen sich daraus nicht ableiten.
- Berücksichtigen Sie, wie vergleichbare Objekte abschneiden: Neue Gebäude haben eine wesentlich bessere Energiebilanz. Von einem denkmalgeschützten Altbau können Sie hingegen nicht unbedingt erwarten, dass er Spitzenwerte erreicht.

Ein Energieausweis bleibt bis zu zehn Jahre lang gültig. Wird umgebaut, modernisiert oder angebaut, ist – in der Regel im eigenen Interesse – ein neuer Energieausweis erforderlich.

Datenblatt zum Immobilienkauf

Auf den folgenden Seiten finden Sie ein Datenblatt, das Ihnen beim Vergleich verschiedener Objekte helfen kann. Es empfiehlt sich, das Datenblatt für jedes Objekt, das Sie besichtigen, komplett auszufüllen. Dann können Sie gut vergleichen und sicher sein, dass Sie nichts vergessen haben. Sie können das Datenblatt für Ihren Bedarf beliebig abwandeln. Es kommt nur darauf an, dass es für alle Objekte einheitlich ist.

Datenblatt Immobilienkauf

1. Grunddaten	
Bezeichnung:	
Kontaktadresse:	
Kaufpreis:	
Bei Eigentumswohnungen: Höhe des Wohngeldes:	
Besichtigt am:	
2. Die Lage	
Allgemein (Wohngebiet, Randlage, Zentrum):	
Qualität:	
Einkaufsmöglichkeiten:	
Ärztliche Versorgung:	
Freizeitwert(Kneipen, Kinos, Theater, Schwimmbad, Sport):	
Schulen/Kindergärten:	
Ruhe/Lärm:	
Verkehrsanbindung: (öffentlicher Nahverkehr, Autobahnanbindung, Weg zum Bahnhof/Flughafen):	
Parkmöglichkeiten:	
3. Außenanlagen, Fassade, Dach	
Zugangsweg:	
Zaun:	

Hof/Garten:	
Außenmauern:	
Haustür:	
Außenbeleuchtung:	
Klingelbrett/ Gegensprechanlage:	
Dachrinne, Fallrohre:	
Dach/Dachziegel:	
Schornstein:	
Antennen:	
Dachfenster:	
Mülleimer/ Wertstoffcontainer:	
Garage/Stellplätze:	
4. Haus innen	
Treppenhaus (Zustand, Material, Größe, Helligkeit, Geruch):	
Treppenbeleuchtung:	
Briefkästen:	
Fahrstuhl:	
Abstellplatz für Kinderwagen:	
Fahrradkeller:	
Waschkeller/Trockenboden:	
5. Keller	
Zugang/Türen (Schloss):	
Größe:	

Höhe:	
Feuchtigkeit/Temperatur:	
Beleuchtung:	
Elektroanlage/ Sicherungskasten:	
Zentralheizung (Wartungsvertrag?):	
Fallrohre:	
Eigenes Abteil (abschließbar, ausreichend Stauraum, Beleuchtung, Stromanschluss):	
Kellerfenster (Größe, Einbruchsicherheit):	
Boden (Material, Belag, Unebenheiten):	
6. Dachgeschoss	
Dachboden:	
Isolierung:	
Dachfenster:	
7. Wohnräume	
Wohnungstür:	
Türklingel:	
Gegensprechanlage/ Türöffner:	
Fußboden:	

Flur:	
Heizkörper:	
Elektroinstallationen:	
Wasserleitungen (Verlauf, Material):	
(Satelliten) Antenne/Kabelanschluss:	
Telefonanschluss/ISDN:	
Räume (Anzahl, Zustand, Schnitt):	
8. Küche	
Größe:	
Anschlüsse (Strom/Wasser/Gas):	
Schränke:	
Herd (Art, Alter, Zustand):	
Ofen/Mikrowelle:	
Kühlschrank:	
Gefriertruhe:	
Dunstabzugshaube:	
Spüle:	
Spülmaschine:	
Arbeitsplatte:	
9. Sanitärräume	
Wände:	
Fußboden:	

Badewanne:		
Dusche:		
Waschbecken:		
Armaturen:		
(Platz für) Schränke:		
WC:		
Gäste-WC:		
Anschlüsse für Waschmaschine:		
10. Eigentümergemeinschaft		
Teilungserklärung:	☐ gesehen	☐ geprüft
Jahresabrechnung:	☐ gesehen	☐ geprüft
Wirtschaftsplan:	☐ gesehen	☐ geprüft
Protokolle der Eigentümer-versammlungen:	☐ gesehen	☐ geprüft
Größe der Gemeinschaft:		Einheiten
Höhe des Wohngeldes:		EUR/Monat
Verbindlichkeiten:		
Rechtsstreitigkeiten:		
Höhe der Rücklagen:		
Wohnt der Hausmeister im Haus/in der Anlage?		
Seit wann hat sie diesen Verwalter?		

Bestehen Haushaftpflichtversicherung, Brandversicherung, Gebäudeversicherung?	
11. Sonstiges	
Energieausweis:	
....	
....	
....	

Fünfter Schritt: Preisverhandlungen führen

Haben Sie die Wohnung besichtigt und die nötigen Unterlagen studiert, stellt sich die Frage: Sollen Sie die Immobilie erwerben oder nicht? Anders formuliert: Die Phase der Preisverhandlungen beginnt.

Kann man denn über den Preis der Immobilien noch verhandeln – auch wenn in der Anzeige ein Festpreis angegeben war? In vielen Fällen heißt die Antwort: Man kann. Und man sollte es tun. Allerdings unter der Voraussetzung, dass man gut vorbereitet ist.

> Reden Sie nicht über Preise, solange Sie nicht alles gesehen und geprüft haben. Sonst begeben Sie sich in eine ungünstige Verhandlungsposition.

Bei der Besichtigung

Versucht Sie der Verkäufer oder der Makler frühzeitig auf irgendeine Summe festzunageln, lassen Sie sich nicht darauf ein. Nur eines können Sie immer bekunden: Interesse.

Seien Sie vorsichtig mit allzu enthusiastischen Äußerungen – wenigstens solange der Verkäufer in der Nähe ist. Ansonsten muss es befremdlich wirken, wenn Sie plötzlich den Preis drücken wollen.

Andererseits ist es auch nicht immer günstig, das Objekt mit kritischen Kommentaren herunterzumachen. Dadurch erwerben Sie keine Sympathien und erwecken den Eindruck, dass Sie gar nicht interessiert sind. Wenn Sie dennoch Preisverhandlungen führen, setzen Sie sich dem Verdacht aus, dass Sie taktieren und den Verkäufer über den Tisch ziehen wollen – keine guten Voraussetzungen.

Festpreis oder Verhandlungssache?

Häufig können Sie nicht genau abschätzen, ob der Preis verhandelbar ist oder unumstößlich feststeht. Hüten Sie sich daher, vorschnell ein „Gebot" abzugeben. Dadurch könnten Sie sich sehr schnell aus dem Kreis der möglichen Käufer verabschieden.

> Gehen Sie behutsam vor. Denken Sie daran: Wenn Sie den Preis gleich extrem unterbieten, kratzen Sie unter Umständen am Selbstwertgefühl/Besitzerstolz des Privatverkäufers. Er fühlt sich gekränkt und könnte allein deswegen die Verhandlungen mit Ihnen abbrechen.

Typischerweise werden Sie nach der Besichtigung gefragt, ob Sie Interesse an dem Objekt haben. Wenn keine wesentlichen Fragen mehr zu klären sind, müssen Sie jetzt eigentlich Farbe bekennen. Sie können allerdings den Ball noch einmal zurückspielen: Erkundigen Sie sich ganz neutral, ob der Preis in der Anzeige „endgültig" sei.

Wird Ihre Frage bejaht, haben Sie immer noch die Möglichkeit, den Preis zu akzeptieren. Erscheint er Ihnen jedoch nicht akzeptabel, sollten Sie durchaus Ihrem Bedauern Ausdruck geben und – auch auf die Gefahr hin, dass Sie dann aus dem Rennen sind – ein Gebot abgeben. Vielleicht haben Sie ja Glück und Ihr Gegenüber geht mit dem Preis ein wenig herunter.

Ist der Preis nicht „endgültig", so müssen Sie mit der Gegenfrage rechnen, welche Preisvorstellung Sie denn haben. Die Preisverhandlungen sind eröffnet.

So bereiten Sie sich vor

Sie haben eine gute Verhandlungsposition, wenn Sie mit klaren Vorstellungen in die Preisverhandlungen gehen und nicht erst vor Ort überlegen müssen, wie viel Sie bieten werden. Sie sollten sich möglichst im Vorhinein über zwei Dinge klar werden:

- den Marktpreis: Wie viel ist das Objekt wirklich wert?
- Ihren finanzieller Spielraum: Wie viel können Sie für das Objekt ausgeben?

Warum ist es wichtig, den Marktpreis zu kennen?

Ohne eine realistische Vorstellung vom Marktpreis sind Ihre Preisverhandlungen nur taktisches Spiel. Sie verhandeln ohne Grundlage, können sich leicht bluffen lassen. An Ihrem Verhandlungspartner liegt es dann, diese Schwäche auszunutzen.

Wenn Sie hingegen wissen, wie viel für ein vergleichbares Objekt bezahlt wird, stärken Sie Ihre Position ungemein. Gegenüber Ihrem Verhandlungspartner, aber auch gegenüber sich selbst. Denn wenn das Objekt an einen anderen Interessenten geht, können Sie sich damit trösten, dass er einen überhöhten Preis gezahlt hat.

Es ist natürlich nicht ganz einfach, den Marktpreis zu bestimmen. Zumal Sie das Objekt ja noch gar nicht gesehen haben, sondern der Besichtigungstermin (möglicherweise mit anschließenden Preisverhandlungen) ja noch bevorsteht.

Doch geht es zunächst gar nicht um eine genaue Bestimmung des Marktpreises, sondern um einen Orientierungsrahmen. Sie sollten also überlegen, welche Preisspannen für vergleichbare Objekte üblich sind. Solche Preisspannen können Sie natürlich nur kalkulieren, wenn Sie schon seit einer gewissen Zeit den Markt beobachtet haben.

Limit und Zielpreis festlegen

Sehr genau hingegen müssen Sie Ihren finanziellen Spielraum kennen: Was können Sie bequem finanzieren, wo wird es schon ein wenig eng und wo ist Ihr Limit? Das Limit sollten

Sie auf jeden Fall vorher fixieren. Und bei späteren Preisverhandlungen dürfen Sie diese Grenze nicht überschreiten.

In manchen Fällen ist es ganz hilfreich, einen so genannten „Zielpreis" festzulegen, also den Preis, den Sie realistischerweise erreichen möchten. Auch das kann Ihnen bei den Preisverhandlungen nützlich sein.

Legen Sie sich eine Strategie zurecht

Wenn Sie mit Preisverhandlungen rechnen, sollten Sie sich auf jeden Fall vorher über Ihre Strategie klar werden.

- Wie viel werden Sie mindestens bieten, wenn das Objekt in Frage kommt?
- Wo ist die Obergrenze, wenn das Objekt optimal ist?
- Werden Sie es akzeptieren, wenn der Verkäufer vom angegebenen Preis nicht abweicht? Oder geben Sie ein eigenes Gebot ab?
- Wie verhalten Sie sich, wenn ein anderer Interessent den Kaufpreis überbietet? Bieten Sie mehr? Bis zu welcher Grenze?

Beispiel: Preisstrategie

Sie suchen in Ihrer Stadt eine Zwei-Zimmer-Wohnung in guter Wohnlage. Es werden Objekte für 80.000 EUR bis 150.000 EUR angeboten, je nach Art und Ausstattung. Sie stoßen auf ein interessantes Objekt, das für 140.000 EUR inseriert ist. Sie versuchen den Marktpreis zu ermitteln, indem Sie vergleichbare Objekte aus dem Gesamtangebot heranziehen. Sie kommen auf eine Spanne von 100.000 und 130.000 EUR, der mittlere Marktpreis liegt also bei 115.000 EUR. Das angebotene Objekt ist also vermutlich viel zu teuer.

Ihr finanzieller Spielraum liegt zwischen 130.000 EUR (bequem zu finanzieren) und 160.000 EUR (Limit). Sie haben also ausreichend „Luft". Nun legen Sie fest: Hat das Objekt leichte Mängel, ist aber durchaus noch akzeptabel, werden Sie 110.000 EUR bieten. Entspricht es optimal Ihren Vorstellungen, sind Sie bereit, bis zu 130.000 EUR dafür zu bezahlen – 10.000 EUR unter dem ursprünglichen Angebot, aber immer noch 15.000 EUR über dem mittleren Marktpreis. Als „Zielpreis" bestimmen Sie 120.000 EUR.

Sie haben nun eine klare Richtschnur für Ihre Preisverhandlungen: Geht der Anbieter nicht herunter, sollten Sie mit Hinweis auf die marktüblichen Preise ein „letztes Gebot" abgeben und Ihre Telefonnummer hinterlassen. Kommt er Ihnen entgegen, liegt es an Ihnen, Ihr erstes Gebot zu erhöhen.

Formblatt Preisstrategie

	Beispielobjekt	Ihr Objekt X
Angeboten für	140.000 EUR	
Marktpreis	ca. 80 - 150.000 EUR	
Finanzieller Spielraum	130 - 160.000 EUR	
Limit	160.000 EUR	
Mindestgebot	110.000 EUR	
Höchstgebot	130.000 EUR	
Zielpreis	120.000 EUR	

So treten Sie richtig auf

Um Preisverhandlungen erfolgreich zu führen, genügt es nicht, die richtigen Zahlen im Kopf zu haben. Es kommt auch auf Ihr psychologisches Geschick an. Dazu gehört zunächst einmal, dass Sie sich die Situation Ihres Gegenübers klarmachen. Sind Sie der erste Interessent auf einer Liste von 35, wird seine Verhandlungsbereitschaft wesentlich geringer sein, als wenn Sie die Nummer 35 sind und 34 vor Ihnen dankend abgewinkt haben.

Um im ersten Fall doch noch im Rennen zu bleiben, haben Sie nur die Möglichkeit, den Preis zu akzeptieren oder das bereits erwähnte „letzte Gebot" mit Ihrer Telefonnummer zu hinterlassen.

- Verhalten Sie sich höflich neutral. Vertraulichkeiten sind ebenso wenig am Platz wie frostige Distanz oder gar arrogante Belehrungen.
- Strahlen Sie Selbstsicherheit aus. Dies gelingt Ihnen am besten, wenn Sie sich gut vorbereitet haben.
- Bleiben Sie freundlich und sachlich, auch wenn der Preis weit überhöht ist. Geben Sie Ihrem Gegenüber die Möglichkeit, sein Gesicht zu wahren.
- Lassen Sie sich nicht unter Zeitdruck setzen oder durch Hinweis auf die „vielen anderen" Interessenten verunsichern.
- Erwecken Sie nicht den Eindruck, als wollten Sie den Preis erbarmungslos drücken. Zeigen Sie sich als vertrauenswürdiger Geschäftspartner.

Bluffs und faule Tricks – und wie Sie darauf reagieren können

Denken Sie daran, Sie müssen mit Ihrem Gebot nicht nur den Verkäufer überzeugen, unter Umständen müssen Sie sich auch gegenüber anderen Interessenten durchsetzen. Ein geschickter Verkäufer nutzt das aus. Und so kann sich gerade bei attraktiven Objekten die Preisspirale durchaus auch einmal nach oben drehen. Auch das sollten Sie einkalkulieren.

Doch lassen Sie sich nicht bluffen. Auch wenn die Zahl der Interessenten beeindruckend ist, bleiben meist nur wenige ernsthafte Bewerber übrig. Und manche, die den Zuschlag erhalten haben, springen noch kurz vor dem Notartermin ab.

Andere versuchen, erst alle anderen Interessenten aus dem Feld zu schlagen, beispielsweise durch kolossale Versprechungen oder indem sie den Preis hoch treiben und legen sodann den „Rückwärtsgang" ein, um den Preis wieder herunterzuhandeln.

> Sorgen Sie daher dafür, dass der Besitzer bzw. Makler „für alle Fälle" Ihre Telefonnummer bekommt, auch wenn ein anderer Bewerber mehr geboten hat. Springt der nämlich ab, müsste unter Umständen die Suche von Neuem beginnen.

Wie umgehen mit Nachforderungen?

Nehmen wir an, Sie haben sich mit dem Eigentümer geeinigt, den ursprünglichen Preis sogar etwas heruntergehandelt. Zwei Tage später ruft er Sie an und teilt Ihnen mit, ein anderer Bewerber habe 10.000 Euro mehr geboten als Sie. Was würden Sie tun?

- Sie beharren darauf, dass er mit Ihnen handelseinig gewesen ist und drohen an, ihn zu verklagen.
- Sie erhöhen Ihr Gebot ebenfalls um 10.000 Euro und fordern ihn auf, Ihnen den Kauf jetzt definitiv zuzusichern.
- Sie halten das ganze Manöver für einen Bluff und bleiben bei Ihrem ursprünglichen Gebot.

Vielleicht finden Sie es schockierend, aber am ehesten sollten Sie es mit der zweiten Antwort probieren. Denn haben Sie keinen Vorvertrag geschlossen, ist eine Klage sinnlos. Und auch mit Vorvertrag hätten Sie kaum einen Anspruch auf Erwerb der Immobilie, sondern allenfalls auf Schadenersatz.

Ein Bluff ist sehr unwahrscheinlich, wenn Ihr Gegenüber nicht gerade eine Spielernatur ist. Allenfalls hat er die Höhe des Konkurrenzgebots übertrieben, um den Preis noch ein wenig zu erhöhen. Ansonsten würde er riskieren, dass der ganze Handel platzt.

In der Regel ist solches „Nachkarten" unangenehm für alle Beteiligten, doch sollten Sie als Käufer wissen: Es ist rechtlich überhaupt nicht zu beanstanden. Bevor Sie nicht den Notarvertrag unterschrieben haben, kann Sie ein Konkurrent noch überbieten. Auf der anderen Seite können Sie als Käufer auch bis zum letzten Moment abspringen.

Entrüstung ist also nicht am Platz, wenn Sie so einen Anruf bekommen. Vielmehr kühle Kalkulation: Ist es das Objekt wert, dass Sie Ihr Gebot erhöhen? Wenn das der Fall ist, sollten Sie sich zähneknirschend herbeilassen, den höheren Preis als „absolutes Maximum" zu akzeptieren.

> Versuchen Sie bei einer Nachforderung wenigstens zu erreichen, dass der Eigentümer Ihnen zusichert, nun keine weiteren Gebote anzunehmen. Dazu ist er übrigens keineswegs verpflichtet. Mehr als einmal sollten Sie jedoch nicht „erhöhen". Sonst machen Sie sich unglaubwürdig und steigen auf ein Preiskarussell auf, das sich leicht noch weiter drehen könnte.

Sechster Schritt: Bringen Sie die Sache unter Dach und Fach

Der Kauf einer Immobilie ist eine bedeutende Investition. Dies bringt manche dazu, die Sache übergründlich anzugehen. Sie holen von allen Seiten Ratschläge ein und zögern die Entscheidung immer weiter hinaus. Manche besichtigen das Objekt mehrmals, um nachzuprüfen, ob es wirklich in Frage kommt.

Erfahrungsgemäß verbessern Sie durch ein solches Vorgehen die Qualität Ihrer Entscheidung nicht und bevor Sie sich dann endgültig festgelegt haben, ist Ihnen nicht selten jemand zuvorgekommen. Abgesehen davon verärgern Sie den Verkäufer, wenn Sie ihn ständig hinhalten.

Deshalb ist es ratsam, recht zügig zu einer Entscheidung zu kommen. Ihren finanziellen Spielraum haben Sie ja bereits im Vorfeld überprüft. Haben Sie ein konkretes Objekt ins Auge gefasst, empfiehlt es sich, die Finanzierung zu klären. Vielleicht haben Sie Ihren finanziellen Rahmen ja nicht ganz richtig eingeschätzt. Dann sollten Sie ihn spätestens jetzt korrigieren.

Holen Sie bereits erste Darlehensangebote ein, bevor Sie mit den Preisverhandlungen beginnen müssen. Die Finanzierung sollte stehen, wenn Sie sich ernsthaft für ein Objekt interessieren.

Bankgespräche führen

Es empfiehlt sich, frühzeitig das Gespräch mit der Bank zu suchen. Dann geraten Sie später nicht in Zeitdruck. Holen Sie auf jeden Fall mehrere Angebote ein und verlassen Sie sich nicht darauf, dass Ihre Hausbank Ihnen schon das günstigste Angebot machen wird. Prüfen Sie die Konditionen genau und entscheiden Sie sich für das für Sie beste Angebot. Nähere Informationen zur Finanzierung finden Sie ab Seite 85.

Die Bank interessiert übrigens auch, welches Objekt sie finanzieren soll. Haben Sie schon ein bestimmtes im Auge, sprechen Sie darüber mit dem zuständigen Berater der Bank. Fragen Sie ihn nach seiner Einschätzung. Immerhin ist er Spezialist auf diesem Gebiet. Sein Urteil kann für die Beurteilung der Immobilie durchaus hilfreich sein – völlig unabhängig davon, ob die Bank Ihren Kauf finanziert oder nicht.

Verlieren Sie keine Zeit

Bis zum Notartermin ist der Kauf noch keineswegs gesichert. Für beide Seiten. Das muss nicht nur negativ sein, das können

Sie sich auch zunutze machen. Indem Sie nämlich keine Zeit verlieren und schneller sind als andere.

Wohlgemerkt: Damit ist keineswegs gemeint, dass Sie das Objekt nicht gründlich prüfen sollten. Im Gegenteil, überstürztes Handeln schadet Ihnen und hinterlässt auch beim Verkäufer einen ungünstigen Eindruck. Aber Sie können viel Zeit sparen, indem Sie vieles frühzeitig klären: Ihre Finanzierung, Ihren genauen Bedarf und die Marktlage.

Wenn Sie ein geeignetes Objekt gefunden haben, können Sie rasch handeln: Vereinbaren Sie mit dem Verkäufer einen kurzfristigen Notartermin. Das dürfte im Übrigen auch in seinem Interesse sein.

Bevor Sie den Notartermin festklopfen, sollte allerdings die Finanzierung komplett stehen. Die Kredite müssen Sie ja im Grundbuch eintragen lassen. Veranlassen Sie, dass Ihre Bank die nötigen Unterlagen rechtzeitig zum Notar schickt.

Ihren Zeitvorteil können Sie auch bei den Preisverhandlungen ins Feld führen. Wenn jemand mehr bietet, aber erst noch mit seiner Bank über die Finanzierung verhandeln muss, hat er oftmals schlechtere Karten. Vor allem wenn Sie gegenüber dem Verkäufer sanften Druck ausüben.

Weisen Sie darauf hin, dass Sie an einem zügigen Abschluss interessiert sind. Sollte der Verkäufer noch höhere Gebote abwarten wollen, geben Sie ihm zu verstehen, dass Sie sich dann ebenfalls nach anderen Objekten umsehen werden.

Siebter Schritt: Der Notartermin

Der Kaufvertrag muss notariell beurkundet werden. Sonst ist er unwirksam. Wenigstens in Deutschland gilt diese Regelung, in anderen Ländern verfährt man da etwas weniger streng. Außerdem wird der Kauf im Grundbuch festgehalten.

Die Prozedur erscheint etwas umständlich und langwierig, aber sie soll sicherstellen, dass alles mit rechten Dingen zugeht. Denn der Kauf eines Grundstücks ist eine bedeutsame Angelegenheit. Der Notar fungiert als neutraler Betreuer, der die Vertragsschließung überwacht.

> Notar und Grundbuch sind für jede Verfügung über ein Grundstück erforderlich, also auch, wenn Sie das Grundstück später „belasten" oder sich den Nießbrauch sichern wollen.

Was geschieht vor dem Notartermin?

Der Notar bereitet den Kaufvertrag vor. In der Regel übernimmt es der Verkäufer, ihn zu beauftragen und einen Termin zu vereinbaren. Der Notar wird im Grundbuch Einsicht nehmen und einen Entwurf des Kaufvertrages vorbereiten.

Wenn Sie den Kauf nicht komplett aus Eigenmitteln finanzieren, brauchen Sie außerdem eine „Grundschuldbestellung", also eine notarielle Urkunde, die Sie für die Eintragung Ihres Darlehens im Grundbuch benötigen.

> Obwohl Kaufvertrag und Grundschuldbestellung ursächlich miteinander zusammenhängen, handelt es sich um zwei verschiedene Urkunden, die auch gesondert abgerechnet werden.

Was können Sie vor dem Notartermin tun?

- Reichen Sie Ihre Kreditunterlagen rechtzeitig beim Notar ein oder beauftragen Sie Ihre Bank, das für Sie zu tun.
- Lassen Sie sich bereits vor dem Notartermin den Vertragsentwurf zuschicken und arbeiten Sie ihn zu Hause in Ruhe durch.

Unparteilichkeit des Notars

Der Notar wird zwar in der Regel vom Verkäufer beauftragt, jedoch wäre es ein grundlegender Irrtum anzunehmen, er vertrete dessen Interessen. Ein Notar ist kein Anwalt und der Verkäufer ist nicht sein Mandant. Vielmehr ist der Notar verpflichtet, für einen ordnungsgemäßen Vertragsabschluss zu sorgen und alle Beteiligten zu beraten. Auf bestimmte Gefahren muss er Sie hinweisen, wobei Sie diese Hinweispflicht keineswegs davor schützt, einen nachteiligen Vertrag abzuschließen.

> Wenn Ihnen irgendetwas unklar erscheint, fragen Sie den Notar. Die Angst, sich zu blamieren, ist vollkommen unbegründet. Immerhin ist der Notar dazu da, Ihnen zu helfen.

Keine Scheu vor Fragen und Ergänzungen

Beim Notartermin wird der Vertragstext noch einmal verlesen. Hier können Sie Zwischenfragen stellen oder auch allerletzte Änderungs- und Ergänzungswünsche anbringen, wenngleich solche Eingriffe in den fertigen Vertrag beim Verkäufer häufig Entsetzen auslösen. Sie riskieren, dass der

Vertrag doch noch platzt. Aber ein geplatzter Vertrag ist immerhin besser als ein Vertrag, der schwere Nachteile für Sie bringt.

Anders liegt der Fall, wenn Sie mit dem Verkäufer bestimmte Vereinbarungen und Nebenabreden getroffen haben, die nicht im Vertrag erscheinen. Dann liegt es in beiderseitigem Interesse, dass diese Absprachen oder Bedingungen auch dokumentiert werden. Ansonsten sind sie nämlich nichtig.

Solche Vereinbarungen könnten etwa sein:

- Der Verkäufer sichert Ihnen zu, dass das Grundstück bebaubar ist.
- Der Verkäufer sichert Ihnen zu, dass Sie zu einem bestimmten Termin einziehen können. Gleichzeitig übernehmen Sie zu diesem Zeitpunkt alle Lasten.
- Sie sichern dem Verkäufer zu, das Haus, z. B. weil es sein Geburtshaus ist, in den kommenden 30 Jahren nicht abzureißen.
- Der Verkäufer schließt Gewährleistungsansprüche aus. Dies ist bei gebrauchten Immobilien durchaus üblich. Doch sollten Sie als Käufer dann darauf bestehen, dass der Verkäufer erklärt, ihm seien versteckte Mängel „nicht bekannt".
- Der Verkäufer garantiert Ihnen, dass die derzeitigen Mieter zu einem bestimmten Termin ausgezogen sind. Auf jeden Fall sollten Sie sich zusätzlich absichern durch einen Passus wie „Ist der Mieter bis zum ... nicht ausgezogen, zahlt der Verkäufer an den Käufer einen Betrag von ... EUR" –

wobei dieser Betrag natürlich deutlich über der Miete liegen sollte.

> Wenn Sie die Immobilie selbst beziehen wollen, sollten Sie sich unbedingt einen festen Einzugstermin garantieren lassen.

Ausweis nicht vergessen

Kleiner, aber wichtiger Hinweis: Nehmen Sie unbedingt Ihren Ausweis mit! Der Notar ist verpflichtet, sich über die Identität der vertragschließenden Personen zu vergewissern. Und das kann er nur durch Ihren Personalausweis oder Reisepass. Oder aber Sie sind ihm „persönlich bekannt". Ohne diese „Identitätsfeststellung" darf der Notar den Vertrag nicht beurkunden.

Dürfen Sie sich vertreten lassen?

Wenn Sie verhindert sind, können Sie sich durchaus vertreten lassen. Sie müssen Ihren Vertreter nur mit einer Originalvollmacht ausstatten, eine beglaubigte Abschrift der Vollmacht wird ebenfalls anerkannt. Ja, Ihr Vertreter kann sogar zunächst ganz ohne Vollmacht auskommen, er muss nur versprechen, die Vollmacht nachzureichen. Solange er das nicht getan hat, ist der Vertrag noch unwirksam.

Und noch etwas ist wichtig: Auch Ihr Vertreter sollte daran denken, dass er sich ausweisen muss.

Vorsicht vor „Schwarzgeld"!

Hin und wieder verfallen die Vertragspartner auf die Idee, einen niedrigeren Kaufpreis in den Vertrag hineinzuschreiben als tatsächlich bezahlt wird. Das spart Notarkosten, Grunderwerbssteuer – und kann viel Ärger einbringen. Fliegt die Sache auf, ist der beurkundete Vertrag ein Scheingeschäft und damit nichtig.

Vom Zahlungstermin bis zur Grundbucheintragung

Der Weg zur Grundbucheintragung

Bevor Sie im Grundbuch als Eigentümer eingetragen werden, brauchen Sie ein wenig Geduld. Der Ablauf gliedert sich in vier Phasen:

1. Abschluss des Kaufvertrages. Notarielle Beurkundung erforderlich. Gleichzeitig sollten Sie beim Notar die Eintragung der „Grundschuld" beantragen.
2. Auflassungsvormerkung. Darum kümmert sich das Grundbuchamt und informiert Sie, sobald sie vorliegt. Dann sind Sie vorerst nur als Käufer im Grundbuch eingetragen worden. Nun ist der Kaufpreis fällig, den Sie innerhalb von zwei Wochen überweisen müssen (siehe unten).
3. Auflassung. Nun ist das Geld bezahlt und Sie können als Eigentümer im Grundbuch eingetragen werden.
4. Grundbucheintragung. Sie sind als Eigentümer eingetragen.

Auch wenn sich dieser Prozess über mehrere Monate hinzieht, hat das für Sie in der Regel keine Konsequenzen. Wenigstens solange alles ordnungsgemäß abläuft. Um über Ihr neues Eigentum zu verfügen, z. B. die Wohnung zu beziehen, müssen Sie jedenfalls nicht erst abwarten, bis die Auflassungsvormerkung oder die Grundbucheintragung vorliegt. Entscheidend ist, was Sie mit dem Verkäufer im Kaufvertrag vereinbart haben.

Was bedeutet die Auflassungsvormerkung?

Die zweite Station, die Auflassungsvormerkung, bedeutet, dass Sie zunächst einmal vorläufig ins Grundbuch eingetragen werden. Nicht als Eigentümer, sondern als Käufer. Das ist wichtig, denn ab jetzt hat der alte Eigentümer keine Möglichkeit mehr, irgendwelche Eintragungen ins Grundbuch zu veranlassen. Sie sind jetzt amtlich als Käufer vorgemerkt und müssen eigentlich nur noch bezahlen.

Um keine Missverständnisse aufkommen zu lassen: Der alte Eigentümer wird sich natürlich hüten, nach Abschluss des Vertrages noch irgendwelche Änderungen zu veranlassen. Es sei denn, er will den Vertrag nachträglich torpedieren.

Erst wenn die so genannte „Auflassungsvormerkung" ins Grundbuch eingetragen wurde, ist der Kaufpreis fällig. Schon diese Eintragung kann einige Zeit dauern. Rechnen Sie mindestens acht Wochen ab Notartermin, in einzelnen Fällen kann sogar ein halbes Jahr verstreichen, ehe Sie bezahlen müssen. Wenn dann allerdings die Auflassungsvormerkung vorliegt, was Ihnen schriftlich mitgeteilt wird, müssen Sie innerhalb von zwei Wochen die gesamte Summe bereitstellen. In der Regel werden Sie Ihre Bank veranlassen, den Betrag zu überweisen.

Wenn Sie sich mit dem Verkäufer einig sind, können Sie auch ein bestimmtes Datum im Kaufvertrag festlegen, zu dem der Kaufpreis fällig wird. Voraussetzung ist allerdings immer, dass bis dahin die Auflassungsvormerkung vorliegt. Vorher sollten Sie auf keinen Fall überweisen!

Können Sie nach der Auflassungsvormerkung den Kaufpreis nicht oder nicht vollständig bezahlen, hat dies sehr unangenehme Konsequenzen. Die Immobilie geht wieder in den Besitz des Verkäufers über und Sie müssen saftige Gebühren zahlen.

Die Finanzierung

Die wichtigste Voraussetzung, dass Sie auf Dauer viel Freude an Ihrer Immobilie haben, ist eine solide Finanzierung. Leider kümmern sich viele Käufer nicht genug darum. Manche werden unzureichend beraten, andere gehen ein allzu hohes Risiko ein oder kalkulieren falsch. Damit nicht am Ende Ihres Immobilienerwerbs eine geplatzte Finanzierung und die Zwangsversteigerung steht, der dringende Rat: Kümmern Sie sich von Anfang an um die Finanzierung! In diesem Kapitel erfahren Sie

- wie hoch Ihre Eigenkapitalquote sein sollte (Seite 88)
- welche Kredite es gibt und worauf im Einzelnen zu achten ist (Seite 92)
- welche Nebenkosten Sie einkalkulieren sollten (Seite 102)
- welche Versicherungen sinnvoll sind (Seite 108)

Stecken Sie Ihren finanziellen Rahmen ab

Am sinnvollsten legen Sie von vornherein einen finanziellen Rahmen fest, der Ihnen als Orientierung dient (Seite 21). Sie sollten sich ein mehr oder minder grobes Raster zurechtlegen:

1. Wie viel Eigenkapital haben Sie zur Verfügung?
2. Wie viel Fremdkapital können Sie aufnehmen, ohne sich zu überschulden?

Wie viel Eigenkapital?

Rechnen Sie zusammen, wie viel Sie an eigenen Mitteln aufbringen können. Dabei geht es wirklich nur um Ihren eigenen Anteil. Darlehen von Freunden, Verwandten oder Ihrem Arbeitgeber dürfen Sie nicht zu Ihrem Eigenkapital rechnen.

- Welche Konten, Spareinlagen, Wertpapierdepots können Sie „liquidieren", also für den Immobilienkauf flüssig machen?
- Besitzen Sie bereits eine Immobilie, die weitgehend lastenfrei ist und die Sie veräußern können?
- Haben Sie einen Bausparvertrag abgeschlossen, den Sie für die Finanzierung einsetzen möchten, berücksichtigen Sie auch hier Ihren Eigenkapitalanteil.
- Können Sie eventuell noch weitere Eigenmittel einsetzen? Durch Verkäufe, nicht rückzahlbare Zuschüsse, Steuerrückzahlungen, kurzfristige Realisierung von Zahlungsansprüchen?

Beim Beschaffen von möglichst viel Eigenkapital gerät ein simpler Effekt manchmal in Vergessenheit: Alles, was Sie als Eigenkapital einsetzen, steht Ihnen nicht mehr für andere Investitionen oder als Reserve zu Verfügung.

Wertpapierdepots

Bei Wertpapierdepots müssen Sie berücksichtigen, dass die Kurse mehr oder minder stark schwanken. Eine Baisse oder gar ein Crash kurz vor der Auflösung des Depots kann Ihre Finanzierung gefährden.

Kalkulieren Sie daher nicht den aktuellen Tageskurs, sondern sicherheitshalber etwas weniger, und denken Sie daran, das Depot rechtzeitig - bei einem akzeptablen Kursniveau - aufzulösen, damit Sie nicht zufällig in eine kurzfristige Kursschwäche hineingeraten.

Immobilien verkaufen

Wenn Sie eine Immobilie verkaufen wollen, sollten Sie an folgende Punkte denken: Bestehen noch Darlehen, müssen Sie diese natürlich von dem Verkaufspreis abziehen. Weiterhin müssen Sie einkalkulieren, dass Ihnen auch durch den Verkauf Kosten entstehen. Und schließlich dürfen Sie den Verkaufspreis auf keinen Fall zu hoch ansetzen. Manche Erwerber geraten unter einen enormen Druck, weil sie ihre alte Immobilie nur schwer loswerden. Im schlimmsten Fall platzt Ihre Finanzierung.

Ohne Eigenkapital?

Sie werden hin und wieder auf Angebote stoßen, in denen Ihnen vorgerechnet wird, wie Sie ohne Eigenkapital oder mit einem ganz geringen Einsatz eine Immobilie finanzieren können. Solche Modellrechnungen sind meist Hokuspokus, Sie tun gut daran, solche Offerten mit äußerstem Argwohn zu betrachten.

> Eine Finanzierung „ohne Eigenkapital" ist höchst riskant. Für selbst genutzte Immobilien kommt sie überhaupt nicht in Frage; doch auch bei Objekten, die Sie vermieten wollen und die sich angeblich „selbst finanzieren", sollten Sie sehr vorsichtig sein. In der Regel ist die Miete viel zu hoch kalkuliert. Das Resultat: Leerstände und ein Berg von Schulden.

Hohe oder niedrige Eigenkapitalquote?

Als Eigenkapitalquote bezeichnet man normalerweise das Verhältnis von Eigen- zu Fremdkapital in der Bilanz eines Unternehmens. Auch für Ihre Überlegungen ist diese Rechnung eine wichtige Größe.

Wenn Sie Ihre Immobilie selbst nutzen wollen, ist die Sache eindeutig: Sie sollten eine möglichst hohe Eigenkapitalquote anstreben. 20 bis 30 % ist das Minimum, besser 40 bis 50 %, wenn Sie noch höhere Werte erzielen können, umso besser.

Wenn Sie vermieten, sieht die Sache unter Umständen ein wenig anders aus. Zinsausgaben können Sie steuermindernd geltend machen. Wenn Sie ein hohes Einkommen haben, kann es sinnvoll sein, den Einsatz von Eigenkapital zu begrenzen.

Allerdings gilt es genau abzuwägen zwischen der möglichen Steuerersparnis (die oft überschätzt wird) und den Mehrkosten durch eine höhere Zinsbelastung (die oft unterschätzt wird). Am besten sprechen Sie mit Ihrem Steuerberater darüber und rechnen die Sache durch. Und ohnehin gilt: Sie sollten kein Fremdkapital aufnehmen, wenn Sie es nicht vollständig zurückzahlen können.

Seien Sie misstrauisch gegenüber allen „Steuersparmodellen", die häufig unrentabel sind. Zahlen Sie lieber 5.000 EUR mehr an Steuern als Hunderttausende in Objekte zu investieren, die nur Verluste produzieren und die Sie kaum wieder veräußern können.

Wie viel Fremdkapital?

Nur selten reichen die eigenen Mittel aus, um den Kauf einer Immobilie komplett zu finanzieren. Eine beträchtliche Summe muss aus anderen Quellen fließen. Anders formuliert: Sie müssen sich sehr viel Geld leihen. Das Fremdkapital müssen Sie irgendwann zurückzahlen.

Überschuldet?

Sie haben also mit einem Mal einen Riesenberg an Schulden. Diese Schulden sind jedoch abgesichert durch die Immobilie, ein vergleichsweise wertbeständiges Gut. Deshalb werden solche Schulden grundsätzlich anders bewertet als „gewöhnliche" Schulden, die Sie anhäufen, weil Sie mit Ihrem Geld nicht auskommen.

Schulden in Höhe von 100.000 EUR oder 200.000 EUR sind bei einem Immobilienkauf nichts Ungewöhnliches und müssen Sie keineswegs beunruhigen. Achten Sie vielmehr auf zwei Punkte:

1. Den Wert des Objekts. Erwerben Sie ein Einfamilienhaus in guter Lage für 260.000 EUR, dürfte ein Darlehen in Höhe von 150.000 EUR durchaus als solide Finanzierung gelten. Ganz anders, wenn Sie das gleiche Darlehen einsetzen, um einen baufälligen Bauernhof für 150.000 EUR zu kaufen.
2. Die Höhe der monatlichen Belastung. Sie müssen in der Lage sein, diesen Betrag über einen langen Zeitraum, meist Jahrzehnte, aufzubringen.

Im Grunde dreht sich alles um diese beiden Aspekte. Wenn Sie vermieten, kommt noch ein dritter hinzu:

3. Wie gut lässt sich das Objekt vermieten? Welche Mieteinnahmen können erzielt werden? Ist mit zeitweiligem Leerstand zu rechnen?

Legen Sie Ihre monatliche Belastung fest

Frühzeitig sollten Sie klären, welchen Betrag Sie monatlich aufbringen können, um Ihr(e) Darlehen zurückzuzahlen. Es geht ganz schlicht darum, dass Sie Ihre Einnahmen und Ihre Ausgaben gegenüberstellen.

- Bei Ihren Einnahmen sollten Sie nur regelmäßige Einkünfte berücksichtigen: Ihr Nettogehalt, Zinsen, Mieteinnahmen. Sonderprämien, Einkünfte aus Nebenjobs oder Überstunden klammern Sie aus.
- Bei Ihren Ausgaben sollten Sie prüfen: Sind alle Ausgaben erfasst? Aber auch: Wo ist Einsparpotential?

Schwanken Ihre Einnahmen sehr stark, erhöht sich für Sie das Risiko beträchtlich. Sie sollten dann besonders vorsichtig kalkulieren und auf keinen Fall von allzu optimistischen Annahmen ausgehen.

Was bleibt für Schuldentilgung übrig?

Einnahmen		Ausgaben	
+	EUR	+	EUR
+	EUR	+	EUR
+	EUR	+	EUR
+	EUR	+	EUR
+	EUR	+	EUR
=	**EUR**	=	**EUR**
Gesamt-Einnahmen			EUR
– Gesamt-Ausgaben			EUR
= **mögliche Belastung**			**EUR**

Auf der Seite der Einnahmen können Sie natürlich auch die Steuervorteile (ab Seite 111) einbeziehen. Denken Sie aber daran, dass diese Vorteile nur begrenzte Zeit wirksam sind.

Rücklagen bilden

Damit Ihnen nicht eine Autoreparatur oder ein kaputter Fernseher die Finanzierung gefährdet, müssen Sie für solche Fälle Rücklagen bilden. Rechnen Sie also einen festen monatlichen Betrag für diesen Zweck mit ein!

Ihre Kalkulation wird zuverlässiger, wenn Sie ihr einen längeren Zeitraum zugrunde legen. Dadurch spüren Sie auch Kosten auf, die Ihnen sonst vielleicht entgangen wären. Zum Beispiel die Heizungsreparatur, eine neue Brille oder Kosten für den Tierarzt. Auch solche einmaligen Ausgaben müssen Sie berücksichtigen, indem Sie sie gewichten oder einen bestimmten Posten dafür vorsehen.

Der Genauigkeit einer solchen Kalkulation sind natürlich Grenzen gesetzt. Und um Genauigkeit geht es auch nicht, sondern um eine vorsichtige, realistische Einschätzung, welchen Betrag Sie in Zukunft monatlich für die Ratenzahlung zur Verfügung haben.

> Kennen Sie Ihre Belastungsgrenze, wissen Sie zuverlässig, welchen Kredit Sie sich leisten können. Der beste Garant für eine solide Finanzierung.

So finden Sie den günstigsten Kredit

Für Ihre Finanzierung ist es entscheidend, dass Sie den passenden Kredit finden, bei dem die Höhe und die Konditionen stimmen. Wobei es nicht nur ein Kredit sein muss, oftmals ist die Kombination verschiedener Darlehen sinnvoller. Sie müssen dabei nur den Überblick behalten.

Hinweis: Eine ausführliche Übersicht über aktuelle Kreditarten bietet der TaschenGuide Immobilienfinanzierung.

Wann kommen mehrere Kredite in Frage?

Meist können Sie besonders zinsgünstige Kredite nur bis zu einer bestimmten Höhe beanspruchen. Arbeitgeberdarlehen, öffentliche Fördermittel, Kredite von Verwandten sind in der Regel begrenzt. Manchmal ist auch die Laufzeit relativ kurz, Sie müssen die Summe schon bald wieder zurückzahlen. Solche Kredite sollten vernünftigerweise nicht zu hoch sein.

Auch einen Bausparvertrag schließen Sie nur über einen bestimmten Betrag ab, der in der Regel nicht ausreicht, die verbleibenden Kosten zu decken.

Die zinsgünstigen Kredite sollten Sie zunächst einmal ausschöpfen. Als nächstes kommt ein Hypothekendarlehen in Frage, das klassische Finanzierungsinstrument mit relativ moderaten Zinsen und sehr langer Laufzeit. Kommen Sie mit dem Hypothekendarlehen nicht aus, können Sie den Rest durch ein Bankdarlehen finanzieren, bei dem die Zinsen allerdings etwas höher sind.

Vor- und Nachteile des Bausparvertrags

Wichtigster Vorteil des Bausparvertrags: konkurrenzlos niedrige Zinsen, in deren Genuss Sie allerdings erst kommen, wenn Ihr Bausparvertrag „zuteilungsreif" ist, das heißt, wenn Sie eine bestimmte Summe (40 oder 50 % der Bausparsumme) angespart haben und der Kredit an Sie ausbezahlt werden kann. Das bedeutet, Sie müssen, wenn Sie jetzt kurz vor dem Kauf stehen, den Vertrag schon längst abgeschlossen haben. Nur eine mehrjährige Ansparzeit ist sinnvoll (ca. 5 Jahre).

Die niedrigen Kreditzinsen sind allerdings erkauft durch niedrige Zinsen für das Guthaben, das Sie im Laufe der Jahre ansparen. Als weiterer Nachteil kann gelten, dass sich nicht immer ganz genau kalkulieren lässt, wann ein Bausparvertrag denn nun „zuteilungsreif" ist und Sie unter Umständen auf eine Zwischenfinanzierung ausweichen müssen.

Wer die nicht ganz einfache Vertragskonstruktion zu nutzen versteht, kann seine Belastung erheblich reduzieren. Dabei kommt alles auf das richtige Timing an: Wer zu lange anspart oder zu rasch den Kredit benötigt, profitiert leider nicht so sehr vom Bausparen.

> Wenn Sie jetzt überlegen, einen Bausparvertrag abzuschließen, denken Sie daran: Der Kredit wird nur zweckgebunden vergeben. Wenn Sie also später doch kein Wohneigentum erwerben (oder wenigstens renovieren) wollen, bekommen Sie die Bausparsumme nicht ausbezahlt.

Öffentliche Fördermittel

Es lohnt sich zu prüfen, ob Sie Anspruch auf ein öffentlich gefördertes Darlehen haben. Die Zinssätze sind besonders niedrig, die Rückzahlungsmodalitäten im Allgemeinen sehr günstig.

Es gibt eine Vielzahl von Förderprogrammen von Bund und Ländern. Es würde ein eigenes Buch füllen, sie vorzustellen. Darum hier nur folgende Hinweise:

- Die Förderung betrifft hauptsächlich Gruppen, die sich nur schwer Wohneigentum leisten können: Junge Ehepaare, junge oder kinderreiche Familien, Einkommensschwache.
- In jüngster Zeit werden vor allem Energiesparmaßnahmen gefördert, z. B. Niedrigenergiehäuser, Maßnahmen zur Reduzierung der CO_2-Emissionen.
- Sie müssen die Mittel grundsätzlich immer vorher beantragen und sollten erst die Bewilligung abwarten, ehe Sie den Kaufvertrag unterschreiben.

Kredit von Verwandten oder Freunden

Gerade bei jungen Käufern beliebt: Eltern, Tanten, Onkel oder andere Verwandte beteiligen sich am Kauf, stellen eine bestimmte Summe zur Verfügung. Wie viel, wann, mit welchem Zinssatz zurückgezahlt wird, all das können Sie frei vereinbaren. Im Allgemeinen sind die Konditionen wesentlich besser als bei jedem anderen Darlehen.

Und noch etwas spricht für den persönlichen Kredit: Wenn die Rückzahlung ein wenig ins Stocken gerät, zeigen sich Verwandte und Freunde meist verständnisvoller als Ihr Kreditsachbearbeiter.

Darin liegt allerdings auch eine gewisse Gefahr. Nicht selten behandeln die Nutznießer solche Darlehen äußerst nachlässig oder betrachten sie sogar als Geschenk. Das stößt bei den

Geldgebern meist auf wenig Sympathie, sie fühlen sich ausgenutzt. Damit es nicht zum Streit kommt:

- Legen Sie alle Konditionen genau fest. Schriftlich, damit es keine Missverständnisse gibt.
- Halten Sie sich an Ihre Zahlungsverpflichtungen. Behandeln Sie das Darlehen wie einen Kredit Ihrer Bank.

Hypothekendarlehen: sicher und meist mit günstigen Konditionen

Hierbei handelt es sich um ein langfristiges Darlehen, meist mit 20- bis 30-jähriger Laufzeit. Das Hypothekendarlehen ist „dinglich abgesichert", das heißt, der Kreditgeber (in der Regel eine Bank) sichert sich einen Anspruch auf das Wohngrundstück, das Sie erwerben, genauer gesagt: er erhält ein so genanntes Grundpfandrecht. Das bedeutet: Wenn Sie Ihren Zahlungsverpflichtungen nicht nachkommen, kann Sie der Darlehensgeber zwingen, das Grundstück (mit allem, was sich darauf befindet) zu verkaufen oder versteigern zu lassen. Dieses Verfügungsrecht wird im Grundbuch eingetragen. Die Kosten für die Eintragung tragen Sie als Darlehensnehmer.

In welcher Höhe Sie ein solches Darlehen in Anspruch nehmen können, richtet sich nach dem Wert des Grundstücks, das Sie damit „beleihen". Weil Grundstücke wertbeständig sind, gelten Hypothekendarlehen als die sichersten Darlehen überhaupt. Aus diesem Grund sind die Konditionen (Laufzeit, Zins) auch meist besser als bei einem gewöhnlichen Privatkredit.

> Streng genommen handelt es sich bei diesen Krediten gar nicht um ein echtes „Hypothekendarlehen", das heute nur noch selten vergeben wird, sondern um Grundschulden, die beweglicher und leichter übertragbar sind.

Hypothekendarlehen gibt es in unterschiedlicher Form und Ausstattung. Grundsätzlich wird unterschieden zwischen

- dem Tilgungs- oder Annuitätendarlehen und
- dem Festdarlehen.

Annuitätendarlehen

Jede Rate, die Sie zahlen, setzt sich aus zwei Teilen zusammen, nämlich aus dem Zinsanteil und dem Tilgungsanteil. Mit dem Tilgungsanteil zahlen Sie Ihre Schulden zurück.

Häufig beträgt der Tilgungsanteil bei einem Annuitätendarlehen anfänglich nur 1 % des Darlehens. Würden Sie diesen Prozentsatz beibehalten, müssten Sie 100 Jahre lang abbezahlen. Dies ist jedoch nicht der Fall.

Der Grund: Der Betrag, den Sie entrichten müssen, bleibt gleich. Der Anteil von Zinsen und Tilgung verschiebt sich jedoch, denn Ihre Schulden werden durch die Tilgung ja immer geringer.

Beispiel: Wie die Tilgungsrate steigt

Bei einer Grundschuld von 100.000 EUR zahlen Sie im ersten Jahr 7.000 EUR, nämlich 6 % Zinsen und 1 % Tilgung. Die Rate für das zweite Jahr beträgt ebenfalls 7.000 EUR da bereits 1.000 EUR getilgt sind, zahlen Sie die 6 % Zinsen nur auf 99.000 EUR, der Anteil der Tilgung steigt zunächst minimal auf 1,06 %. Im dritten Jahr sind die 6 % nur auf 97.400 EUR zu zahlen, die Tilgung beträgt 1,12 %. Dieser Effekt macht sich immer stärker bemerkbar, bis der Zinsanteil gegen Null geht und Sie die Rate komplett zur Tilgung einsetzen können.

Festdarlehen

Hier tilgen Sie überhaupt nicht. Ihre Schuld bleibt bis zum Ende der Laufzeit erhalten. Dann müssen Sie das Darlehen komplett auf einmal zurückzahlen. Häufig wird das Festdarlehen mit einer Lebensversicherung oder einem Bausparvertrag angeboten. Statt zu tilgen, zahlen Sie in die Lebensversicherung ein oder sparen für den Bausparvertrag an. Wenn Lebensversicherung oder Bausparvertrag fällig werden, lösen Sie das Darlehen ab.

Möglich sind außerdem Darlehen mit Sondertilgung oder freier Tilgung, d. h. Sie können tilgen, wenn Sie möchten. Die Zinsen richten sich nach der Restschuld, variieren also. Spätestens am Ende der Laufzeit müssen Sie alle Schulden tilgen.

Worauf Sie bei allen Krediten achten müssen

Kredite zu vergleichen ist nicht einfach. Viele Faktoren spielen eine Rolle, versteckte Kosten und Gebühren verteuern den Kredit. Wenn Sie Angebote einholen, dann achten Sie darauf, dass wirklich alle Kosten auf den Tisch kommen. Erst dann können Sie berechnen, welcher Kredit der günstigste ist. Das ist manchmal etwas aufwendig. Doch es lohnt sich. Auch kleine Kostenvorteile summieren sich im Laufe der Jahre.

Wie Sie Kredite vergleichen können

- Nominalzins
  Der vertraglich vereinbarte Zins ist der so genannte „Nominalzins". Aufgelder, Gebühren und (Aus)Zahlungsbedingungen werden dabei nicht berücksichtigt. Der Nominalzins sagt oft nur wenig über Ihre tatsächliche Belastung aus. Sie können ihn vernachlässigen.
- Effektiver Jahreszins
  Erkundigen Sie sich vielmehr nach dem „effektiven Jahreszins" oder „Effektivzins". Provisionen, Bearbeitungsentgelte und Modalitäten der Zinsverrechnung sind hier immerhin schon berücksichtigt. Heraus kommt eine Prozentzahl, die Ihnen mitteilt, wie viel Sie „effektiv" bezahlen müssen.

  Hinweis: Berechnungen zum Effektivzins finden Sie im TaschenGuide Kaufmännisches Rechnen.

  Der Effektivzins macht unterschiedliche Angebote überhaupt erst vergleichbar. Allerdings mit Einschränkungen, denn es gibt noch weitere Zusatzkosten, die auch beim Effektivzins nicht berücksichtigt werden, zum Beispiel die Bereitstellungszinsen.
- Bereitstellungszinsen
  Der Kaufpreis wird erst fällig, wenn die Auflassungsvormerkung vorliegt (vgl. Seite 83). Da die Bank aber bereits nach der Zusage des Kredits die Mittel bereitstellt (z. B. durch die Ausgabe von Pfandbriefen), fallen für sie Kosten an. Diese Kosten stellt sie Ihnen ungefragt in Rechnung, und zwar als so genannte „Bereitstellungszinsen".

Sie zahlen also bereits für das Darlehen, bevor Sie es in Anspruch nehmen. Sprechen Sie bei Ihren Kreditverhandlungen die Bereitstellungszinsen an. Oft sind sie verhandelbar. Manche Kreditinstitute sind sogar bereit, ganz auf sie zu verzichten, wenigstens zwei bis drei Monate lang.

- Disagio
  Oft wird Ihnen der Kredit nicht in voller Höhe ausbezahlt. Den Abschlag, auch „Disagio" oder „Damnum" genannt, entrichten Sie als eine Art Vorabzins. Je höher das Disagio, desto niedriger der (nominale) Zins. Allerdings sollten Sie sich klarmachen: Den niedrigeren Zins müssen Sie auf die volle Summe entrichten. Bevor Sie anfangen zu rechnen: Schauen Sie einfach auf den Effektivzins, das Disagio ist darin bereits enthalten.
- Laufzeit
  Entscheidend für die Beurteilung eines Kredits ist natürlich die Laufzeit. Ein niedriger Zinssatz hilft Ihnen wenig, wenn die Laufzeit zu kurz ist, so dass Sie den Kredit nicht ablösen können und sich um eine Anschlussfinanzierung kümmern müssen, die dann meist wesentlich kostspieliger ausfällt.

  Achten Sie daher auf ausreichend lange Laufzeiten. Erstellen Sie für alle Darlehen einen Plan, wann Sie welches Darlehen zurückgezahlt haben müssen.

> Wenn Sie mehrere Darlehen haben: Die mit der kürzesten Laufzeit sollten Sie als erste ablösen.

- Zinsbindung
  Gerade bei langfristigen Krediten wichtig: Der Zinssatz gilt nicht unbedingt für die gesamte Laufzeit. Vielmehr legen Sie nur für einen bestimmten Zeitraum die Zinsen fest, beispielsweise fünf, zehn oder 15 Jahre. Nach Ablauf der Zinsbindung werden die Zinsen neu festgelegt.
  Als Faustregel gilt: Wenn das allgemeine Zinsniveau hoch ist, wählen Sie eine relativ kurze Frist. Ist es niedrig, vereinbaren Sie eine lange Zinsbindung.

> Solange das Zinsniveau sehr niedrig ist, sollten Sie eine möglichst lange Zinsbindung erreichen – auch wenn die Zinsen höher liegen als bei einer kürzeren Bindung. Auf jeden Fall sollten Sie einplanen, dass Sie nach der Zinsbindung wesentlich höhere Raten zahlen könnten.

- Tilgung
  Erkundigen Sie sich, wie Ihre Tilgungen angerechnet werden. Manche Banken rechnen Ihnen alle Tilgungen erst zum Jahresende an, anstatt die Zahlungen gleich zu berücksichtigen. Das verteuert natürlich Ihren Kredit, denn tilgen Sie monatlich, bleibt Ihre erste Rate fast 12 Monate lang unberücksichtigt. Das sollten Sie nicht ohne weiteres akzeptieren. Vielleicht gibt es hier Verhandlungsspielraum.
  Auf jeden Fall müssen Sie die Frage der Tilgung und ihrer Anrechnung einbeziehen, wenn Sie verschiedene Kredite miteinander vergleichen. Tilgungszahlungen, die verspätet angerechnet werden, verursachen versteckte Kosten, die im Effektivzins nicht erscheinen.

Diese Kosten kommen auf Sie zu

Die traurige Wahrheit vorweg: Die Kosten eines Immobilienerwerbs werden fast immer unterschätzt. Manchmal gerät dadurch sogar die Finanzierung in Gefahr. Oder es muss zumindest nachverhandelt werden, was Ihre Position erheblich schwächt. Kredite, die Sie zusätzlich benötigen, sind teuer.

Decken Sie daher von vornherein Ihren gesamten Kreditbedarf. Kalkulieren Sie nicht zu knapp und nicht „über den Daumen", berücksichtigen Sie nach Möglichkeit sämtliche Kosten, die auf Sie zukommen.

Die Kaufnebenkosten einkalkulieren

Ein vielfach unterschätzter Posten sind die Kaufnebenkosten. Dabei sind sie relativ gut kalkulierbar.

Gebühren für Notar und Grundbucheintragung

Denken Sie daran, dass Sie nicht nur den Kaufvertrag beurkunden lassen müssen, sondern in der Regel auch die Auflassungsvormerkung und Grundschuldeintragung. Für die Beurkundung gibt es feste Gebührensätze, sie richten sich nach dem „Gegenstandswert", also nach der Höhe des Kaufpreises bzw. der Grundschuld, die Sie eintragen lassen.

Beispiel: Gebühren

Je höher der Gegenstandswert, desto höher ist auch die Gebühr. Bei einem Gegenstandswert von 200.000 EUR beträgt die einfache Gebühr beispielsweise 357 EUR, bei 400.000 EUR sind es 657 EUR. Abgerechnet wird gewissermaßen nach „Gebühreneinheiten":

Was?	Durch wen?	Wie viel?
Beurkundung des Kaufvertrags	Notar	doppelte Gebühr
Beurkundung der Auflassungsvormerkung	Notar	halbe Gebühr
Beurkundung der Grundschuld	Notar	einfache Gebühr (Höhe der Grundschuld maßgeblich)
Eintragung des neuen Eigentümers	Grundbuch	einfache Gebühr
Eintragung der Auflassungsvormerkung	Grundbuch	halbe Gebühr
Eintragung der Grundschuld	Grundbuch	einfache Gebühr (Höhe der Grundschuld maßgeblich)

Rechnen Sie also die vierfache Gebühr für den Kauf, plus die doppelte Gebühr für die Eintragung der Grundschuld. Hinzu kommen noch Schreibauslagen, eventuelle Spesen und Mehrwertsteuer.

Sie können es sich natürlich auch einfacher machen: Rechnen Sie 1 % bis maximal 2 % des Kaufpreises für Notar und Grundbuch.

Maklerprovision

Den Makler müssen Sie natürlich nicht bezahlen, wenn Sie „von privat" gekauft haben. Allerdings läuft die Mehrzahl der Verkäufe über einen Makler. In den meisten Fällen teilen sich Käufer und Verkäufer die Maklerprovision. Sie beträgt 6 %

des Kaufpreises, als Käufer müssen Sie demnach 3 % plus Mehrwertsteuer rechnen, insgesamt also 3,48 %.

In Hamburg und Berlin müssen Sie als Käufer sogar die gesamte Provision übernehmen. Dies wird jedoch regional unterschiedlich gehandhabt. Auf jeden Fall müssen Sie zur Provision die Mehrwertsteuer addieren.

Achtung: Die Maklerprovision wird gleich mit Abschluss des Kaufvertrags fällig, also einige Zeit bevor Sie den Kaufpreis entrichten müssen.

Grunderwerbsteuer

Wenn Sie eine Immobilie (und damit ein Grundstück) erwerben, müssen Sie Grunderwerbsteuer entrichten. Sie beträgt derzeit 3,5 % des notariell beurkundeten Kaufpreises.

Wenn Sie also ein Grundstück kaufen und anschließend darauf ein Haus bauen, zahlen Sie Grundsteuer nur für das Grundstück. Erwerben Sie hingegen Grundstück und Haus zusammen, gilt die Grundsteuer für den gesamten Kaufpreis, also auch für das Gebäude.

Erwerben Sie ein Haus auf einem Erbbaugrundstück, gilt ein reduzierter Steuersatz, der sich nach Laufzeit des Vertrages und der Höhe der jährlichen Erbpacht richtet.

Weitere Kaufnebenkosten

Unter Umständen müssen Sie noch eine Reihe weiterer Kosten einkalkulieren:

- Fahrtkosten, Reisekosten (um die Objekte zu besichtigen, zum Notartermin)
- Kosten für Anzeigen
- Kosten für Gutachten

An Baukosten und Baunebenkosten denken

Baukosten werden meist zu niedrig kalkuliert, häufig gerade wenn gespart werden soll und viel durch „Eigenarbeit" erledigt wird. Bilden Sie unbedingt ausreichende Reserven (10 % des Kaufpreises oder mehr).

Vergessen Sie auch die Baunebenkosten nicht:

- Diverse Gebühren für Leistungen von Ämtern und Behörden, z. B. Gebühren für Verzichtserklärung auf das Vorkaufsrecht der Stadt/Gemeinde
- Architektenhonorar
- Vermessung, Bodenuntersuchung
- Erschließungskosten: Anschluss an Kanalisation, Strom- und Gasnetz
- Kosten für Entsorgung.

Sonstige Kosten

Die lange Liste möglicher Kosten ist noch nicht vollständig. Denken Sie auch an eventuelle Folgekosten. Wenn Sie umziehen müssen, für etwaige Renovierungen, Reparaturen, vielleicht müssen Sie auch eine Zeitlang eine doppelte Belastung tragen und Ihre Miete weiter zahlen. All das kostet zusätzlich Geld. Entscheidend ist, dass Sie bei Ihrer Planung möglichst viele Kosten erfassen. Nicht alle lassen sich im vorhinein planen und kalkulieren. Aus diesem Grund müssen Sie immer auch damit rechnen, dass die Kosten höher ausfallen.

Ihr Finanzierungsplan

Bevor Sie den Kaufvertrag unterschreiben, sollten Sie unbedingt einen genauen Finanzierungsplan aufstellen. Der folgende Plan gibt Ihnen ein Muster vor, das Sie ganz nach Ihrem Bedarf erweitern, kürzen und abändern können.

Die Kosten		
	Kaufpreis	EUR
+	Alle Kaufnebenkosten	EUR
=	**Gesamtkosten**	**EUR**
Die Mittel		
Eigenmittel:		
	Sparguthaben	EUR
+	Wertpapiere	EUR
+	Bausparguthaben	EUR
+	Verkäufe	EUR
=	**Gesamte Eigenmittel**	**EUR**

Fremdmittel:		
	Hypothek/Grundschuld	EUR
+	Bauspardarlehen	EUR
+	Privatdarlehen	EUR
=	**Gesamte Fremdmittel**	**EUR**
	Eigenmittel	EUR
+	Fremdmittel	EUR
=	**Gesamtkosten**	**EUR**

Finanzierung der Fremdmittel			
1	Hypothek/Grundschuld über		EUR
	___ % Zinsen	= jährliche Belastung:	EUR
	___ % Tilgung	= jährliche Belastung:	EUR
	Gesamtbelastung pro Jahr:		EUR
2	Bauspardarlehen über		EUR
	___ % Zinsen	= jährliche Belastung:	EUR
	___ % Tilgung	= jährliche Belastung:	EUR
	Gesamtbelastung pro Jahr:		EUR
3	Privatkredit über		EUR
	___ % Zinsen	= jährliche Belastung:	EUR
	___ % Tilgung	= jährliche Belastung:	EUR
	Gesamtbelastung pro Jahr:		EUR

4	Endfälliges Darlehen über	EUR
	___ % Zinsen = jährliche Belastung:	EUR
	___ EUR Beitrag LV/RV = jährl. Belast.:	EUR
	Gesamtbelastung pro Jahr:	EUR
Jährl. Gesamtbelastung durch alle Kredite:		EUR
ergibt eine monatliche Belastung von		EUR
hinzukommen Hausgeld, Verwaltungskosten, Bewirtschaftungskosten		EUR
Monatliche Gesamtbelastung:		**EUR**
Monatlicher Überschuss		
	Monatliche Nettoeinnahmen:	EUR
–	monatliche Ausgaben:	EUR
=	**Überschuss:**	**EUR**
–	monatliche Gesamtbelastung:	EUR
=	**Reserve/ Sicherheit:**	**EUR**

Die Versicherungen

Versicherungen bieten eine Vielzahl von Möglichkeiten Sie, Ihre Familie oder Ihr künftiges Heim abzusichern.

Versicherungen zur Finanzierung und Absicherung

Eine Kredit-Versicherung sichert Ihnen die Zahlungen der Kreditraten in besonderen Lebenssituationen ab:

- für den Fall einer unverschuldeten Arbeitslosigkeit,
- bei Arbeitsunfähigkeit (= Krankheit) oder
- bei Berufsunfähigkeit.

Auch im Todesfall wird Ihre Familie durch Übernahme der Kreditraten oder der Zahlung einer einmaligen Summe entlastet. Diesen umfassenden Versicherungsschutz können Sie bei Abschluss des Kreditvertrages, ohne Gesundheitsfragen beantworten zu müssen, erhalten.

Mit dem Abschluss einer Risiko-Lebensversicherung erhalten Sie einen preiswerten Todesfallschutz. Ihre Finanzierung kann so gegen das Todesfallrisiko abgesichert werden. Die Kapital-Lebensversicherung bietet Ihnen neben der finanziellen Absicherung im Todesfall die Möglichkeit, das bei Ablauf der Versicherung zur Verfügung stehende Kapital zur Tilgung des Darlehens zu verwenden. Benötigen Sie keinen Todesfallschutz, wünschen Sie aber die Tilgung des Darlehens bei Ablauf einer Versicherung, ist sicherlich der Abschluss einer privaten Rentenversicherung, die ein Kapitalwahlrecht einschließt, interessant.

Möchten Sie die Chancen an den Aktienmärkten für Ihre Finanzierung nutzen, empfiehlt sich der Abschluss einer fondsgebundenen Lebens- oder Rentenversicherung.

> Besonders empfehlenswert ist der Einschluss einer Berufsunfähigkeits-Zusatzversicherung. Nur sie bietet Ihnen finanziellen Schutz im Fall einer Berufsunfähigkeit.

Versicherungen für Bauherren und für Haus- und Wohnungseigentümer

Auch in der Bauphase benötigen Sie Sicherheit. Die Bauherrenhaftpflichtversicherung leistet Schadenersatz bei berechtigten Ansprüchen geschädigter Dritter. Die Bauleistungsversicherung schützt während der Bauzeit vor Schäden an eingebauten Teilen durch Diebstahl und Einbruchdiebstahl. Eine Unfallversicherung für Bauhelfer leistet im Falle des Falles umfassenden Versicherungsschutz.

Die Wohngebäudeversicherung sichert Ihre Immobilie gegen Feuer, Leitungswasser, Sturm- und Hagelschäden ab. Haus- und Grundbesitzerhaftpflichtversicherung, Rechtsschutzversicherung sowie Glas-Pauschalversicherungen runden den Versicherungsschutz für die Immobilie ab.

Die steuerliche Seite

Nach Abschaffung der Eigenheimzulage sind für Immobilienbesitzer nur noch zwei Fälle steuerlich relevant, über die Sie dieses Kapitel informiert:

- wenn Sie Ihr Objekt vermieten (Seite 112)
- wenn Sie für Ihre Angehörigen vorsorgen und darüber nachdenken, wie sie im Falle Ihres Ablebens Erbschaftssteuer sparen können (Seite 121)

Wenn Sie vermieten

Die Immobilie abschreiben

Durch die Vermietung Ihrer Immobilie wollen Sie Einkünfte erzielen. Die Einnahmen müssen Sie versteuern. Die Kosten, die mit dem Erwerb der Immobilie verbunden sind, können Sie absetzen. Allerdings nur die Kosten, die sich auf das Gebäude, nicht aber auf das Grundstück beziehen, denn Grundbesitz verliert ja im Allgemeinen nicht an Wert.

Die Gebäudekosten können Sie natürlich nicht in einer einzigen Steuererklärung geltend machen und auf einen Schlag beispielsweise 200.000 Euro absetzen. Wie bei anderen „Betriebsmitteln" auch müssen die Kosten steuerlich auf die voraussichtliche Nutzungsdauer verteilt werden. Bei Wohngebäuden rechnet man mit 40 bis 50 Jahren. Innerhalb dieses Zeitraums können Sie also die Kosten, die Ihnen beim Kauf entstanden sind, nach und nach abschreiben.

Wie ermitteln Sie die Gebäudekosten?

In einigen Fällen können Sie die Gebäudekosten Ihrem Kaufvertrag entnehmen oder zumindest herausrechnen. Wenn das nicht möglich ist, einigen Sie sich mit Ihrem Finanzamt auf einen „realistischen Wert" (bei Eigentumswohnungen zwischen 80 und 85 % des Kaufpreises; bei Häusern mit Grundstück liegt der Satz entsprechend niedriger, hier müssen Sie die hypothetischen Grundstückskosten von den Gesamtkosten abziehen).

Anschaffungskosten und Herstellkosten

Es ist nicht nur der Kaufpreis der Immobilie (abzüglich der Grundstückskosten), den Sie abschreiben. Vielmehr können Sie sämtliche Anschaffungs- und Herstellkosten, die mit dem Erwerb der Immobilie verbunden sind, berücksichtigen. Dazu zählen beispielsweise auch Ihre Fahrt- und Reisekosten (zum Notar, zum Grundstück), Geldbeschaffungskosten, Grundbucheintragungen, das Architektenhonorar, Erdarbeiten, Mehraufwendungen für Verpflegung, Trinkgelder für die Handwerker, höhere Telefongebühren.

Nicht zu den Anschaffungs- oder Herstellkosten gehören hingegen: alle Kosten für den Erwerb des Bauplatzes, der Gegenwert für die Eigenleistungen, die Sie erbracht haben und die Erschließungskosten.

Erhaltungsaufwand oder Herstellkosten?

Die Kosten für Instandsetzung und Modernisierung zählten bislang nicht zu den Herstellkosten, sondern waren als Erhaltungsaufwand steuerlich sofort abzugsfähig. Die Finanzämter erkannten die Kosten allerdings nur an, wenn sie in den ersten drei Jahren nach der Anschaffung nicht mehr als 15 % der Gebäudeanschaffungskosten betrugen. Dieser Auffassung wurde jedoch im September 2001 vom Bundesfinanzhof eine Absage erteilt. Demnach können auch höhere Aufwendungen noch als Erhaltungsaufwand geltend gemacht werden.

Gegenüber dem Finanzamt müssen alle Ausgaben belegt werden. Also: Quittungen und Rechnungen gut aufheben. Wichtig: Auch Rechnungen, die im Jahr der Anschaffung noch nicht eingegangen sind oder die Sie noch nicht bezahlt haben, sollten Sie in Ihre Aufstellung aufnehmen.

Nur noch lineare Abschreibung möglich

Seit 1.1.2006 ist bei vermieteten Neubauten die degressive Abschreibung abgeschafft und nur noch die lineare Abschreibung möglich. Bei der linearen Abschreibung schreiben Sie über den gesamten Zeitraum jedes Jahr die gleiche Summe ab: also je 2 % der Gebäudekosten, fünfzig Jahre lang. Oder je 2,5 % der Gebäudekosten, vierzig Jahre lang.

Werbungskosten geltend machen

In gewissem Sinne zählt ja auch die Abschreibung zu den „Werbungskosten". Hier sind jedoch jene Ausgaben gemeint, die Sie nicht über Jahrzehnte abschreiben müssen, sondern sofort in einem Betrag steuerlich absetzen können (oder bei größeren Summen auf zwei bis fünf Jahre verteilt). Hierzu gehören:

- laufende Kosten wie Fahrtkosten, Versicherungen (Brand, Gas, Leitungswasser, Sturm, Haftpflicht), Kontogebühren, Straßenreinigung, Schornsteinfeger, Grundsteuer, Beiträge an Hausbesitzervereine,
- Kosten, die sich aus dem Mietverhältnis ergeben: Prozess- und Anwaltskosten, Inserate wegen Vermietung, Maklerprovision für die Vermittlung von Mietern,

- Kosten für Reparaturen und bauliche Maßnahmen, die im Steuerdeutsch als „Erhaltungsaufwand" bezeichnet werden.

Was ist der „Erhaltungsaufwand"?

Zum Erhaltungsaufwand gehören alle Kosten für die laufende Instandhaltung und Instandsetzung des Gebäudes sowie für die Erneuerung bereits vorhandener Teile und Einrichtungen. Das Haus oder Grundstück sollte in seinem Charakter im Wesentlichen unverändert bleiben.

Damit ist Folgendes gemeint: Alle Maßnahmen, die Ihre Immobilie beträchtlich aufwerten, können Sie nicht als „Erhaltungsaufwand" geltend machen. Steuerlich werden sie als „Herstellaufwand" betrachtet und müssen über Jahre und Jahrzehnte abgeschrieben werden (vgl. Seite 113).

Beispiel: Herstell- oder Erhaltungsaufwand?

Wenn Sie Ihr Haus mit einem Fahrstuhl ausstatten, dürfte dies als Herstellaufwand gelten. Ersetzen Sie jedoch einen alten Fahrstuhl durch einen modernen, zählt dies als Erhaltungsaufwand. Auch wenn Sie eine Ölzentralheizung durch eine moderne Gasheizung ersetzen, die Wärmedämmung verbessern oder isolierverglaste Fenster einbauen, können Sie dies in der Regel als Erhaltungsaufwand sofort absetzen.

Der Erhaltungsaufwand lässt sich allerdings nicht immer ganz scharf von den Herstellkosten trennen. Entscheidend ist der Zustand und der Charakter des Gebäudes. Für eine Villa aus der Gründerzeit, die länger nicht renoviert wurde, gelten andere Maßstäbe als für ein zugiges Dachstübchen. Luxussanierungen sind ausgeschlossen.

Im Zweifel kommt es auf die richtige Argumentation gegenüber dem Finanzamt an. Folgende Gründe können Sie anführen, um eine Maßnahme als Erhaltungsaufwand zu rechtfertigen:

- Es handelt sich um eine substanzerhaltende Neuerung.
- Durch die Maßnahme wird ein zeitgemäßer Wohnkomfort wiederhergestellt.

Ist das Wohngeld voll abzugsfähig?

Als Besitzer einer Eigentumswohnung müssen Sie Wohngeld an die Hausverwaltung bezahlen. Das Wohngeld können Sie als Werbungskosten geltend machen, wobei Sie folgende Posten abziehen müssen:

- alle Kosten, die Sie auf den Mieter umgelegt haben,
- die Beiträge zur Instandhaltungsrücklage.

Sonderfall Instandhaltungsrücklage

Als Rücklage sind die Gelder keine Werbungskosten. Werden sie jedoch für Renovierungsmaßnahmen aktiviert, können Sie die Kosten in voller Höhe abziehen.

Beispiel

Das Wohngeld im Jahr 2007 beträgt insgesamt 1.550 EUR. Davon abzurechnen sind die Beiträge für die Instandhaltungsrücklage, insgesamt 300 EUR. Hinzurechnen müssen Sie Ihren Anteil an den Ausgaben für den Erhaltungsaufwand (den können Sie der Jahresabrechnung entnehmen), beispielsweise 400 EUR. Das Resultat: 1.550 - 300 + 400 = 1650 EUR.

Verlustausgleich

Verluste aus Vermietung und Verpachtung können Sie in voller Höhe mit Ihren Einkünften verrechnen. Ihre Einkommenssteuerschuld können Sie dadurch bis auf Null reduzieren, auch wenn Ihre beruflichen Einkünfte beträchtlich sind.

Beispiel: Verlustausgleich

Ein verheirateter Arzt erzielt aus seiner beruflichen Tätigkeit einen Gewinn von 200.000 EUR. Gleichzeitig vermietet er mehrere Wohnungen. Dabei ist ihm insgesamt ein Verlust von 190.000 EUR entstanden. Sein Verlustausgleich berechnet sich folgendermaßen:

Gewinn aus beruflicher Tätigkeit:	200.000 EUR
Verlust aus Vermietung und Verpachtung:	190.000 EUR
bleibt als zu versteuerndes Einkommen:	10.000 EUR

Besteuerung von Veräußerungsgewinnen

Wenn Sie Ihre Immobilie wieder verkaufen, müssen Sie einen möglichen „Gewinn" versteuern. Zumindest wenn zwischen Anschaffung und Veräußerung ein Zeitraum von weniger als zehn Jahren liegt. Wer nach dieser so genannten „Spekulationsfrist" seine Immobilie verkauft, der muss nach geltendem Recht nichts versteuern. Es ist also sehr zu empfehlen, das Objekt mindestens zehn Jahre zu behalten. Ansonsten müssen Sie nämlich die Inflationsrate als „Gewinn" mitversteuern. In fünf oder acht Jahren können da schon einige zehntausend Euro zusammenkommen. Mit „Spekulation" hat das eigentlich nichts zu tun. Die betreffenden Gesetze sprechen denn auch nicht von „Spekulationsgeschäften", sondern von „privaten Veräußerungsgeschäften" (§§ 22 Nr. 2 und 23 EstG).

Was ist ein „privates Veräußerungsgeschäft"?

Voraussetzung für ein „privates Veräußerungsgeschäft" ist, dass die betreffende Immobilie zu Ihrem Privatvermögen gehört. Gehört die Immobilie zu Ihrem Betriebsvermögen, so müssen Sie den Gewinn ohnehin voll versteuern.

Die Zehn-Jahres-Frist

Besteuert wird Ihr privates Veräußerungsgeschäft, wenn der Zeitraum zwischen Anschaffung und Veräußerung nicht mehr als zehn Jahre beträgt. Wobei das Datum des notariellen Kaufvertrags maßgeblich ist und nicht etwa die Auflassungsvormerkung oder die Eintragung im Grundbuch.

Selbst bewohnte Objekte nicht betroffen

Wenn Sie eine Immobilie verkaufen, die Sie selbst bewohnen, müssen Sie sich nicht um die Zehn-Jahres-Frist kümmern; denn in diesem Fall müssen Sie keinen „Gewinn" versteuern.

Haben Sie die Immobilie allerdings zeitweilig selbst bewohnt und zeitweilig vermietet, so kommt es darauf an, dass Sie im Jahr der Veräußerung und den beiden vorangegangenen Jahren dort gewohnt haben. Ist das nicht der Fall, müssen Sie den Veräußerungsgewinn versteuern.

Achtung: Sie müssen das Objekt tatsächlich selbst bewohnt haben. Die unentgeltliche Überlassung an Angehörige wird nicht anerkannt.

Verbilligte Vermietung

Vor allem wenn an Familienangehörige oder Freunde vermietet wird, entspricht die Miete häufig nicht dem ortsüblichen Satz. Mit einer solchen verbilligten Vermietung lassen sich mitunter durchaus Steuern sparen. Wenn mindestens 56 % der ortsüblichen Miete inklusive Nebenkosten verlangt werden, können bei den Einkünften aus Vermietung und Verpachtung die Werbungskosten inklusive Abschreibungen in voller Höhe abgezogen werden. Wenn die 56%-Grenze unterschritten wird, erfolgt eine anteilige Kürzung der Werbungskosten.

Die verbilligte Vermietung von Wohnungen ist in letzter Zeit Gegenstand einiger BFH-Entscheidungen gewesen. Der BFH hat den Grundsatz aufgestellt, dass bei einer Miete, die mindestens 56 %, aber weniger als 75 % der ortsüblichen Miete beträgt, stets zu prüfen ist, ob eine Einkunftserzielungsabsicht gegeben ist. Das bedeutet, dass die Finanzämter in aller Regel eine Überschussprognose für einen Zeitraum von

30 Jahren verlangen, wenn die Miete zwischen 56 und 75 % der ortsüblichen Miete liegt.

Auf der sicheren Seite sind Sie also, wenn die Miete inklusive Nebenkosten mindestens 75 % der ortsüblichen Miete beträgt.

Was gilt in wichtigen Sonderfällen?

- Sie haben geerbt.
  Wenn Sie eine Immobilie erben, gilt dies nicht als „Anschaffung". Bei einem Verkauf kommt es also nicht darauf an, wann Sie geerbt haben. Vielmehr ist maßgeblich, wann der Erblasser das Grundstück erworben hat (Datum des Kaufvertrags). Liegt das schon länger als zehn Jahre zurück, brauchen Sie keinen Gewinn zu versteuern.

- Sie haben die Immobilie im Rahmen einer Erbauseinandersetzung erworben.
  Etwas anderes gilt, wenn Sie als Teil einer Erbengemeinschaft eine Immobilie erwerben und den Miterben dafür eine Abfindung zahlen. Dann liegt ein „entgeltlicher Erwerb" vor und für die Berechnung der Zehn-Jahres-Frist ist der Tag der Erbauseinandersetzung maßgeblich.

- Sie haben die Immobilie geschenkt bekommen.
  Im Prinzip gilt das gleiche wie beim Erbfall: Entscheidend ist, wann das Objekt „entgeltlich" angeschafft wurde. Einen „Gewinn" müssen Sie als der Beschenkte versteuern.

- Sie haben die Immobilie aus einem Betriebsvermögen entnommen.

  Die Entnahme aus einem Betriebsvermögen gilt als Anschaffung. Nach der Entnahme müssten Sie also zehn Jahre lang warten, ehe Sie Betriebsgrundstücke oder Agrarflächen ohne möglichen „Spekulationsgewinn" weiterverkaufen können. Der „Gewinn" errechnet sich übrigens aus der Differenz von Entnahmewertansatz und Veräußerungserlös.

- Sie haben ein Baugrundstück erworben und ein Haus darauf erbaut.

  Wenn Sie auf einem Bauplatz ein Haus errichten, das Sie dann vermieten, wird das Gebäude bei der Gewinnberechnung voll erfasst. Zwar können Sie alle Kosten, die dabei angefallen sind, geltend machen, Eigenleistungen werden jedoch nicht berücksichtigt.

Erbschaftssteuer für Immobilienbesitzer

Lange galt die Regel: Wer seinen Erben etwas Gutes tun wollte, der hinterlässt ihnen sein Vermögen in Form von Immobilien. Denn Grundstücke und Häuser werden nur zu 60 bis maximal 80 % ihres Verkehrswertes bei der Besteuerung angesetzt, während Aktien und Geldanlagen mit dem vollen Wert veranschlagt werden.

Diese Regelung hat das Bundesverfassungsgericht für verfassungswidrig erklärt. Damit steht der Gesetzgeber unter Zugzwang, ein neues Gesetz auf den Weg zu bringen. Im Lauf des Jahres 2008 soll es verabschiedet werden. Bis es in Kraft tritt, gelten noch die alten Bestimmungen.

Auf den Verkehrswert kommt es an

Für die Erbschafts- (und auch Schenkungs-)Steuer muss für die Immobilie ein bestimmter Wert festgesetzt werden. Bislang hat man sich mit mehr oder weniger umständlichen Konstruktionen wie dem „Einheitswert" und dem „Grundbesitzwert" (ab 1996) beholfen. Das soll in Zukunft nicht mehr möglich sein. Die relevante Größe ist der „Verkehrswert" der Immobilie, also der Preis, der sich aktuell am Markt erzielen ließe. Und der liegt um 25 bis 65 % höher als der derzeit noch gültige „Grundbesitzwert".

Höhere Freibeträge für enge Verwandte

Nach eigenem Bekunden will der Gesetzgeber die Erben unter dem Strich gar nicht stärker belasten. Das Häuschen, das man von seinem Ehepartner, seinen Eltern oder Großeltern erbt, soll nach wie vor steuerfrei bleiben. Allerdings darf das Häuschen gegenüber dem Aktiendepot nicht bevorzugt werden. Ist das genauso viel wert, bleibt es ebenso steuerfrei.

Die Lösung sieht so aus, dass für die engen Verwandten höhere Freibeträge geplant sind. Im Einzelnen:

- Bei Eheleuten soll der Freibetrag von derzeit 307.000 EUR auf 500.000 EUR erhöht werden.
- Bei Kindern soll der Freibetrag von derzeit 205.000 EUR auf 400.000 EUR erhöht werden.
- Enkel, die direkt von Ihren Großeltern erben, sollen besser gestellt werden. Bei Ihnen soll sich der Freibetrag von 51.200 auf 200.000 EUR erhöhen.

Steuersatz wird ebenso gesenkt

Ehepartner, Kinder und Enkel werden schon heute bei der Erbschafts- und Schenkungssteuer der Steuerklasse I zugerechnet (das ist die mit den niedrigsten Sätzen). Diese Sätze sollen noch gesenkt werden. Derzeit bewegen sie sich zwischen 7 und 30 % (je nach Größe des Vermögens). Geplant sind Sätze zwischen 6 und 18 %.

Weitere Erben werden schlechter gestellt

Zwar wird die Kernfamilie geschont, doch sollen alle anderen Erben dafür umso stärker zur Kasse gebeten werden. Im Gespräch sind niedrigere Freibeträge, vor allem aber höhere Steuersätze. Über den reichen Erbonkel freut sich daher in Zukunft auch das Finanzamt.

Hinweis: Ausführliche Informationen zur Erbschaftssteuer erhalten Sie im TaschenGuide Richtig vererben.

Lohnt sich eine vorzeitige Übertragung?

Schon in der Vergangenheit haben Immobilienbesitzer auf die Veränderung des Erbschafts- und Schenkungssteuerrechts reagiert, indem sie ihre Objekte noch zu Lebzeiten auf ihre Angehörigen übertragen haben, die sie beerben sollten. Zu den vermeintlich günstigeren Bedingungen.

Nicht immer war das eine kluge Entscheidung, denn auch mit seinen Angehörigen kann man sich zerstreiten. Vielleicht ändert sich auch die eigene Lebensplanung und man würde die Immobilie gerne wieder veräußern. Das geht aber nicht, weil sie einem gar nicht mehr gehört.

Darüber sollten Sie sich vor einer Übertragung im Klaren sein und Ihren Fall in aller Ruhe durchrechnen, ehe Sie zum Notar gehen. Auf jeden Fall aber sollten Sie sich bei der betreffenden Immobilie den „Nießbrauch" sichern oder ein „lebenslanges Wohnrecht".

Stichwortverzeichnis

Bibliografische Information der Deutschen Bibliothek
Die Deutsche Bibliothek verzeichnet diese Publikation in der Deutschen Nationalbibliografie; detaillierte bibliografische Daten sind im Internet über http://dnb.ddb.de abrufbar.

ISBN 978-3-448-08806-9
Bestell-Nr. 00850-0006

6., aktualisierte Auflage 2008

Postanschrift: Postfach, 82142 Planegg
Hausanschrift: Fraunhoferstraße 5, 82152 Planegg
Fon: (0 89) 8 95 17-0, Fax: (0 89) 8 95 17-2 50
E-Mail: online@haufe.de
Internet www.haufe.de
Lektorat: Dr. Ilonka Kunow, München
Redaktion: Jürgen Fischer
Redaktionsassistenz: Christine Rüber

Umschlaggestaltung: Agentur Buttgereit & Heidenreich, 45721 Haltern am See
Desktop-Publishing: Agentur: Satz & Zeichen, Karin Lochmann, 83129 Höslwang
Druck: freiburger graphische betriebe, 79108 Freiburg

Zur Herstellung der Bücher wird nur alterungsbeständiges Papier verwendet.

Der Autor

Dr. Matthias Nöllke, vom Textbüro Nöllke in München ist Autor und Referent. Er ist unter anderem für den Bayerischen Rundfunk, für Verlage und Unternehmen tätig. Im Haufe Verlag sind von ihm mehrere Bücher zum Thema Immobilien und Vermietung erschienen, darunter der Vermieter-Ratgeber.

Weitere Literatur:

„Immobilien als Geldanlage", von Eike Schulze und Anette Stein. 1. Auflage, 250 Seiten, mit CD-ROM, € 29,80. Reihe „Meine Immobilie", Haufe, ISBN 978-3-448-08601-0, Bestell-Nr. 01054-0001

„Die optimale Immobilien-Finanzierung", von Eike Schulze und Anette Stein. 4. Auflage, 224 Seiten, mit CD-ROM, € 16,80. „Erste Hilfe" Haufe, ISBN 978-3-448-08715-4, Bestell-Nr. 06216-0004

„Vermieter-Ratgeber. Sicher und rentabel vermieten", von Matthias Nöllke. 5. Auflage, 248 Seiten, € 16,80. Haufe, ISBN 978-3-448-08244-9, Bestell-Nr. 06231-0005

„Nebenkostenabrechnung für Vermieter", von Matthias Nöllke. 2. Auflage, 208 Seiten, € 16,80. Haufe, ISBN 978-3-448-08060-5, Bestell-Nr. 06287-0002

„Die 101 häufigsten Fallen für Vermieter", von Matthias Nöllke. 1. Auflage, 230 Seiten, € 16,80. Haufe, ISBN 978-3-448-07259-4, Bestell-Nr. 06330-0001